宗宮喜代子

歴史をたどれば英語がわかる

ノルマン征服からの復権と新生

bōc > book

drīfan > drive

ēare > ear

giefu > gift

habban > have

lufian > love

ofer > over

tō > to

þœt > that

wīfmann > woman

willende > willing

開拓社

“Languages differ essentially in what they *must* convey and not in what they *may* convey.” Otto Jespersen [Munday: 37]

（言語間の本質的な違いは何を表せるかでなく何を表さなければならないかにある。）

“There resides in every language a characteristic world-view.”

Wilhelm von Humboldt: xvii

（どの言語にも特有の世界観が内在する。）

はじめに

比較言語学の分類では，英語はオランダ語やドイツ語などと同じ西ゲルマン語派に属する。同じ語派の言語は音声，語彙，文法が互いに似ており，オランダ語とドイツ語は現代でも似ている。しかし現代の英語は，特に文法が，前身の古英語とも親戚筋の言語ともかけ離れている。英語だけが大きく変わったのだ。

ゲルマン語の中で英語だけが劇的に変わったのは，英語だけがノルマン征服を経験したからである。1066 年を境にフランス語が公用語になり，放置された英語は破壊的なダメージを受けた。300 年の時を経て復権した時には大幅に立て直す必要があった。その立て直しのプロセスは原状回復ではなく，新たな時代の精神を吸収して生まれ変わることだった。

現代英語では，ゲルマン語の特徴とされる複雑な屈折語尾を使わず，名詞と動詞を並べるだけで文が成立する。このシンプルな外見は目に優しい。その一方で，目に見えない規則や制約が話者を拘束する。たとえば自然の論理，冠詞の用法，助動詞の用法，受動態の制約，等々である。

本書では，ノルマン征服，公用語からの失墜，復権，中産階級の台頭，ルネサンス，科学革命といった一連の歴史的経緯を追いながら，古英語，中英語，近代英語を経て現代英語に至るまでに英語がどのように変化し，どのように生まれ変わったのか考察する。具体的には，古英語と比較して現代英語の文法が捨てたものは何か，残したものは何か，新たに得たものは何かを確認する。記述の中心は文法にあるが，語彙にも随時言及する。

開拓社の川田賢氏には企画の段階から終始，迅速で的確なアドバイスをいただきました。おかげさまで本書があります。

2023 年 12 月　　著者

目 次

第１章　紀元前７世紀からノルマン征服まで

ケルト人のブリテン島

紀元前 7 世紀頃，ケルト人がブリテン島にやってきた。彼らは鉄器文化を備えており，インド・ヨーロッパ語族のケルト語派に属する言語を話していた（☞ 第 2 章 図 1）。この言語的特徴から世界史では彼らをヨーロッパやアイルランドのケルト人と一括りにしてケルト人と呼んでいる。しかしブリテン島のケルト人は体つきや顔つきが多種多様であることから，単一民族ではなく，ヨーロッパ各地から様々な部族がブリテン島に来て定着し，そこへガリア人（現在のフランスの辺りに住んでいたケルト人）が加わったのだろうとする説もある。そうなるとブリテン島のケルト人の出自はやや曖昧になるが，文字を持たなかったため詳細は分からない。

ローマ人による支配

ケルト人がブリテン島に定着し，全土で独自の文化を開花させていたと思われる紀元前 1 世紀の頃，正確には紀元前 55 年に，共和政ローマの将軍ジュリアス・シーザー（紀元前 100-44）が軍団を引き連れてこの島に侵攻した。征服を意図したものではなく，当時ブリトン人（ブリテン島のケルト人）がガリア人（大陸のケルト人）に手を貸してローマの脅威になっていたため，これを牽制するのが目的だった。この頃ローマではシーザーを解任しようとする動きがあり，何としても自分の軍隊を手放したくないシーザーは，当時ローマ人には地の果てのように思われていたイギリス海峡を渡っていく自分の勇敢な姿を同胞に見せつけたいとも思っていた。

出航したのはすでに夏が終わろうとする頃だった。ブリテン島に到着したシーザーは，先に偵察隊を上陸させて船で待った。だが5日経っても大した情報は得られず，その乏しい情報をもとに侵攻の作戦を立てるしかなかった。侵攻は容易でなく，シーザーの一行は，ローマ人の襲来だと仰天した住民たちが降参の意を表して近寄るのを人質に取って辺りを探検したり，あるいは集結して騒ぐのを弩砲で追い払ったりしながら，ようやくイングランド南東部のサネット島に陣を張った。しかし，すでに季節は変わり，味方の騎兵隊は来ず，イングランドの厳しい冬に対処できるほどの装備も無い。大した成果を挙げることのないまま，シーザーは引き揚げた。それでも本国の高官たちは，地の果てまで行ってきたシーザーを大いに称賛した。

翌年，シーザーは再びブリテン島に向かう。今回は周到に準備して行ったが，やはり制圧には至らず，今回もまた，冬のブリテン島に取り残されては大変だ，本国の状況も心配だ，とばかり早々に引き揚げてしまう。軍事的にも経済的にも大した成果を挙げられなかったが，今回はブリテン島の地勢を正確に把握できたし，住民の様子をつぶさに観察することもできた。その住民についてシーザーは「島の内部には代々の住民とされる人々が暮らしている。海岸の地域には大陸から侵略してきた者たちが住み着いている。非常に多くの住民と建物があって全体的にガリアによく似ている」「ウサギ，鶏，ガチョウを食べるのは悪いこととされ，楽しみのために飼育している」と述べている。[1]

ブリテン島から帰国した10年後の紀元前44年にシーザーは暗殺されてしまう。この事件はウィリアム・シェイクスピア (1564–1616) の戯曲『ジュリアス・シーザー』でも描かれて，3幕1場の暗殺の場面での「ブルータス，お前もか」(*Et tu Brute?*) [And you, Brutus?] という台詞はよく知られている。ローマの最高権力者の座を狙っていたシーザーだったが，結局その夢は叶わなかった。

ちなみにシーザーはブリテン島の名づけ親とも言える。この島は当時，ローマ人たちがラテン語でブリタニアと呼んだり，フランス人航海者がアル

---

[1] Charles River Editors: 6.

ビオン（白い島）と呼んだりしていたが，シーザーがブリタニアと呼んだためブリタニアになった。ブリタニア（*Brittannia*）は，古英語 *Breoton*, *Breten-lond*，中英語 *Bretayne*，*Breteyne* などを経て Britain になる。[2] これが今日の Great Britain（大ブリテン島，グレートブリテン）の由来である。フランス北西部のブルターニュも同語源である。

さて，シーザーの遠征から 100 年近く経った西暦 43 年。第 4 代ローマ皇帝[3] クラウディウス（紀元前 10-西暦 54，在位 41-54）が 4 万人の兵を率いてブリタニアに赴き，その大部分を制圧した。その後も数世代にわたる皇帝たちがブリタニアの完全征服を図ったが，今日のスコットランドにあたる地域まではついに征服できなかった。しかし今日のイングランドとウェールズにあたる地域では征服を果たし，ケルト人の抵抗や反乱を鎮圧しながらローマ風の町を建設し，道路や防壁などインフラを整備した。そしてテムズ川を見渡せる所に小さな軍事基地を建設した。これが現在のロンドンである。当初 30 エーカー弱（約 0.12㎢）の小さな基地だったロンドンは，2 世紀になる頃には 15,000 人の暮らす 300 エーカーもある町に成長し，兵士，役人，外国の商人たちもここに住んだ。

とはいえロンドンのようにローマの息吹を感じさせる町はむしろ少数派で，多くは広大な土地にポツンポツンと駐屯地があるだけのものだった。ローマの支配が及ばない部分では以前と変わらないケルト人の生活と文化がしっかり保たれていたのだ。ラテン語も，上流階級や一部の職人を除いては庶民の間に浸透することはなかった。ローマ軍が引き揚げた後は，ケルト人が駐屯地をさっさと自分たちの町にして，農業中心の経済社会活動を展開した。駐屯地は次々と様変わりして，100 年も経たないうちにローマ的な生活様式はすっかり過去のものになった。

ローマはと言えば，ブリテン島を 350 年以上も支配し続けたが，肝心の本国が外敵から絶え間の無い攻撃を受け，国内政治は腐敗して混乱し，財政難も重なって衰退していた。せっかく征服したブリテン島からは鉱物資源の

---

[2] Britain という現在の綴りでの OED 初出は 1547 年である。

[3] ローマは紀元前 27 年に帝政に移行した。

利益が思ったほど上がらず，略取できる分より維持費の方が高くつくありさまだった。ローマの資産が数世紀にわたってブリタニアに滴り落ちていたのだ。そして西暦 410 年，ローマはついにブリタニアから撤退した。

ゲルマン民族の大移動

ローマ軍が撤退すると，ブリトン人（ブリテン島のケルト人）は北部に住んでいたピクト人やスコット人からの武力攻撃に晒されるようになった。以前はローマ軍の監視が効を奏して住み分けが保たれていたが，今や事情が変わったのだ。さらに 4 世紀頃からは南東部がドイツ北西部のサクソン人の襲撃を受けるようになった。正確に 364 年，367 年と記録されている事件もあり，その辺りはサクソン海岸と呼ばれた。このサクソン海岸もローマ軍が役人を配置して警護していたが，今や無防備になった。

サクソン人の襲撃は，4 世紀から 8 世紀まで続くことになる大規模な民族移動の一端だった。野蛮人の侵略（Barbarian Invasions）と呼ばれるこの出来事は，早くも紀元前 2 世紀に始まっていたが，西暦 4 世紀から特に激しくなり，北ヨーロッパのゲルマン民族だけでなく，スラブ人，アラブ人，ケルト人などユーラシア大陸の様々な民族が広範囲に移動して，大陸の人口構成が塗り替えられてしまうほど大規模なものになった。特に 5 世紀以降のブリテン島での出来事を指す場合にはゲルマン民族の大移動（movements of Germanic peoples）と呼ぶ。

一説によれば，ピクト人やスコット人の攻撃に悩まされたブリトン人は再三ローマに助けを求めたが応じてもらえず，次にはジュート人との間で，敵を追い払ってくれれば現在のケント州サネット島を譲渡するという協定を結んだ。ジュート人は難無くピクト人とスコット人を追い払ったが，サネット島だけでは飽き足らずケント州全土を我が物にした。続いてサクソン人が来てサセックスとウェセックスに定住し，アングル人がイースト・アングリアに定住した。

定説では，449 年にサクソン人，アングル人，ジュート人などのゲルマン民族がブリテン島に移動してきたとされる。サクソン人はドイツ北西部，アングル人はデンマーク南部，ジュート人はデンマークのユトランド半島からの移動である。この3大部族の他にフランク人とフリジア人もいた。フランク人はドイツのライン川流域，フリジア人はオランダ最北部から来た部族である。これらの人々はその後，ブリテン島南東部のケント州やテムズ川両岸を中心に定着して，自分たちの王国を作ることになる。

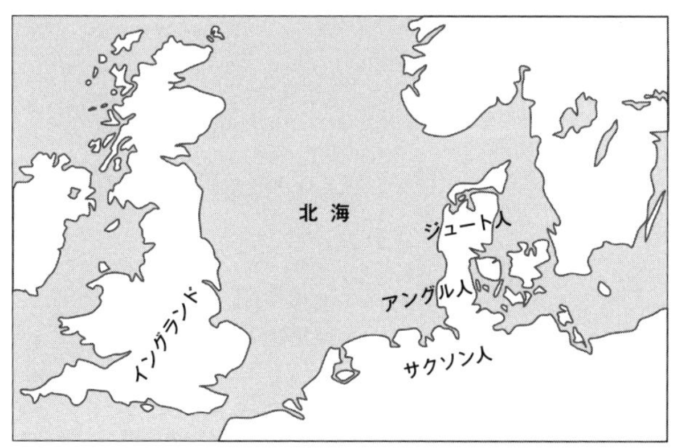

図1：サクソン人，アングル人，ジュート人の出身地

移住者たちは皆，ゲルマン語派の言語を話すゲルマン民族だった。言語学では，アングル人とジュート人の出身地デンマークは北ゲルマン語圏，その他は西ゲルマン語圏に分類している。移住者たちの言語圏が北と西に微妙に分かれるが，ここでは彼らが皆，ゲルマン民族だったことだけ確認しておく。ちなみにイギリスは西ゲルマン語圏に入る。

表1：言語圏と移住者の出身地の関係

	現在の言語圏・移住者の出身地	移住者
西ゲルマン語圏	イギリス	
	オランダ	フリジア人
	ドイツ	サクソン人，フランク人
北ゲルマン語圏	ノルウェー	
	デンマーク	アングル人，ジュート人
	スウェーデン	

ブリテン島の移住者すなわち侵略者たちはもともと似通ったゲルマン語を話しており，まもなく自然発生的に，それらをもとにした古英語が誕生した。もちろん，移住してすぐに出来上がったはずもなく，西暦700年頃から使われたとする説もあるが，[4] 歴史言語学では便宜上，大移動という歴史的な出来事を言語上の時代区分の目安にして，西暦450年を古英語の始まりの年としている。

七王国時代

ブリトン島で横一線のスタートを切った移住者たちだったが，穀物栽培や畜牛を行う生活の中で農地を所有する者が現れると，人々は富をめぐって激しく争い奪い合うようになった。当時は争いが日常化した粗野で荒々しい社会だった。しかし見方を変えれば特権階級の無い平等な社会でもあった。そんな中で強いリーダーがいれば争いに勝てたことから，徐々にリーダーを中心にした集団が現れた。まだ領地の境界も曖昧で，集団内の序列も緩いものだったが，リーダーとその他の人間の間には，支配する者と所属する者，土地を所有する者とその土地で働く者という主従関係が生じた。

集団は徐々に大きくなり，頂点に王を戴く王国になった。小さな王国が数多く出現し，強い国が弱小国を吸収した。国の内部の組織化も進んだ。組織化とはすなわち，王を頂点としたピラミッド型の階層を作ることである。組織化においては特にサクソン人とフランク人が力量を発揮して大きく貢献した。

移住者たちは700年頃にはイングランドの大部分，すなわちスコットランドとウェールズを除くブリテン島の大部分を占拠していたが，その頃には特に7つの王国が大きく目立つ存在になっていた。ノーサンブリア，マーシア，イースト・アングリア，ケント，エセックス，サセックス，ウェセックスである。王国の力関係は時代によって変わり，7世紀にはノーサンブリアが強く，8世紀にはマーシア，9世紀にはウェセックスが力を持つことに

[4] Quirk and Wrenn: 1.

なる。ちなみに，これらが王国であることは，当時の文献に「王」を表す古英語 *cyning* (king) が登場することから判断できる。

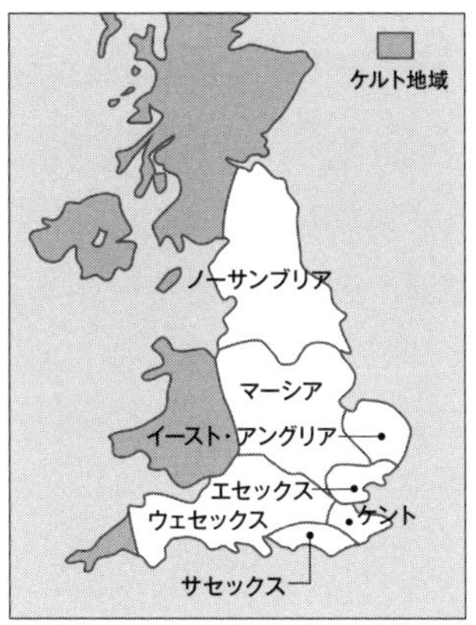

図 2：アングロ・サクソン七王国

English（英語）と England（イングランド）

8 世紀頃には，移住者たちは大陸での出身地の違いなど意に介さなくなり，自らを「ブリテン島のゲルマン民族」という意味でアングル人と呼ぶようになった。言語圏の観点からはサクソン人と呼ぶ方が合うのだが，そうはならなかった。現在の English（英語）という語は *Englisc*（アングル人の言語）として 890 年に文献に初出しており，16 世紀のうちに English という綴りになった。また，England（イングランド）という語は *Angel-cynn*（アングル族およびその占有地）が 11 世紀に *Engla land* になり，13 世紀の *Engelond* などを経て，16 世紀のうちに England という綴りに落ち着いた。シェイクスピアの作品は England で統一されている。

当時は England がどこまでの範囲を指すのか曖昧だったが，現在ではブリテン島にある 3 つの国（イングランド，ウェールズ，スコットランド）のうちの 1 つと明確に定義されている。日本語の「イギリス」や「英国」に相当するのは UK で，正式な国名は United Kingdom of Great Britain and

Northern Ireland（グレートブリテンおよび北アイルランド連合王国）である。インフォーマルに Britain とも言う。

国名の歴史をまとめるとこうなる。

927 年　イングランド王国　［アゼルスタン王がイングランド王を自称］
（1536 年　ウェールズ公国を吸収併合）
1707 年　グレートブリテン王国　［スコットランド王国と統合］
1801 年　グレートブリテンおよびアイルランド連合王国　［アイルランド王国と統合］
1922 年　グレートブリテンおよび北アイルランド連合王国　［アイルランド共和国が分離］

国名が示唆するように，Great Britain はブリテン島全体を指すが，連合王国の 4 つの国[5] のうち北アイルランドを含まない表現なので要注意だ。人を指す時の English（イングランド人）も，歴史的経緯があるため民族感情を刺激する恐れがあるので要注意だ。形容詞で British（イギリス人の，英国人の）と言うのが客観的で安全である。

アングロ・サクソン社会

ブリトン人（ブリテン島のケルト人）たちは当初，サクソン海岸の経緯があったためか，移住者を区別なくサクソン人と呼んでいた。移住者たちも当初は，サクソン人もそうでない人々も，自らをサクソン人と呼ぶ傾向があった。しかしアングル人が北部と北東部に勢力を拡大した頃からアングル人という呼称に変わった。それでも「サクソン」を捨てきれなかったようで，Angles（アングル人）と同じ頃に Anglo-Saxon（アングロ・サクソン的な），Anglo-Saxons（アングロ・サクソン人）という表現が，移住者たちの民族性，

---

[5] 4 つとも厳密には「地域」だが，イングランド以外の 3 国はイングランドと同様に連合王国議会に議席を持つと同時に，それぞれ独自の地域議会，政府，首相，閣僚を持っている。

エスニシティを強調する言葉として定着した。

この頃のアングロ・サクソン社会は主君への忠誠を柱にして成り立っていた。1 世紀のローマ人の歴史家タキトゥス (55?-120?) によれば，これはゲルマン民族に共通の特徴である。[6] たとえば戦いでは，主君が死んで自分が生き残るなどあってはならないことだった。だから命がけで戦う。一方，主君の方は家臣に惜しげなく馬，武器，土地などを与える。主君は家臣の行為に責任をもち，家臣が殺された時は相手に賠償を求める。アングロ・サクソン社会では王の下に貴族，自由人，奴隷という階級があり，現代ではちょっと考えられないことだが，階級によって *wergild*（命の値段）が決まっていた。主君はその値段分の賠償を求めるのである。奴隷には命の値段が無く，動産としての市場価値があるだけだった。命の値段は秩序を守るための法律だったはずだが，実際には秩序どころか，家同士の確執が絶えず，復讐が横行していた。

もう 1 つ，やや意外な特徴として，アングロ・サクソン社会では女性が自立していた。少なくとも貴族と自由人の階級では，女性は土地を所有することができ，法廷で自分の権利を主張することもできた。しかし女性が権力，富，文化，教育を享受できた良い時代は 1066 年のノルマン征服を境に終わりを迎える。

ケルト人の無念

ローマ支配以来ブリトン人と呼ばれた先住民のケルト人は，移住してきたゲルマン人によって，現在のウェールズ，スコットランド，イングランド南西部のコーンウォール地方，北西部のカンブリア地方などブリテン島の周縁に追いやられ，あるいはアングロ・サクソン人の奴隷になってイングランド南東部にとどまった。中には自分がケルト人だということを隠して南東部にとどまり，アングロ・サクソン社会の生活習慣を実践し，古英語を話し，高い地位を獲得した人々もいた。その証拠に，歴代の王の名前の中に，ケルト

[6] Kohnen: 26.

語に由来する，またはケルト語とゲルマン語の混成によるものが幾つか存在している。

ケルト人であることを隠す理由は明らかだ。彼らの社会的地位は低く，命の値段は安く定められていた。ケルト人を指す *wealh*［ウェアルフ］という古英語はもともと「よそ者」を表し，そこへ「奴隷」という意味まで付け加わった。この侮蔑的な語は Wales（ウェールズ）の由来にもなっている。ウェールズにはケルト人が多く住んでいたからだ。ケルト人たちがこんな法的，社会的な差別を免れたいと思ってアイデンティティを隠すのも無理からぬことだ。

ウェールズ，スコットランド，そして海を隔てたアイルランドには昔からケルト人が定住していたが，今度はイングランドに定住していたケルト人がゲルマン人に追われてウェールズやスコットランドに逃げてきた。このような経緯から，ウェールズ・スコットランド・アイルランド対イングランドという対立の図式が生まれ，ケルト人対アングロ・サクソン人という民族的対立の様相を呈して現在に至っている。

ケルト人の無念の思いは，ブリトン人（ブリテン島のケルト人）の王がアングロ・サクソン人を打ち破ったという『アーサー王と円卓の騎士』の伝説になって現在まで語り継がれている。15 世紀にウェールズ人の血を引くヘンリー七世がイングランドの王位に就いた時には，ウェールズの人々が「アーサー王が戻ってきた」「蘇った」と言って歓喜したという[7]（☞ 第 3 章 図 1）。

侵略者と被害者の関係から予測できるように，アングロ・サクソン人の古英語にケルト人のケルト語が深い影響を与えることはなく，Thames（テムズ川），London（ロンドン）など，幾つかの地名と数えるほどの単語が残る程度だ（☞ 第 2 章）。

キリスト教の浸透

キリスト教の伝来については，こんなエピソードが伝わっている。ある

---

[7] 桜井 2017: 19, 227.

日，ローマ教皇グレゴリウス I 世（540-604，在位 590-604）はローマの市場を歩いていて，金髪の奴隷少年の集団を見かけた。あれはブリテン島から連れてきたアングル人ですよと聞かされた教皇は，ぴったりの名前だ，まことにエンジェル（天使）［ラテン語で angelus［アンゲルス］］の顔をしている，天国の天使の系列に入って然るべきだ，と言った。

それから間も無い 597 年，教皇は友人でもある修道士アウグスティヌスをブリテン島に派遣した。アウグスティヌスは 40 人の修道士らと共に現在のケント州サネット島に到着し，カンタベリーに聖オーガスティン修道院を建設して布教を開始する。この修道院は現在，同じカンタベリー教区にある聖マーティン教会とカンタベリー大聖堂と共にユネスコの世界遺産に登録されている。

イングランドにおけるキリスト教の浸透には王族の力が鍵になった。たとえば当時のケント王のフランク人妻はキリスト教徒であったため，ケントでの布教は容易だった。王自身もキリスト教に帰依したし，家族や臣下もそれに倣った。彼らの娘が別の王族と結婚すると，その夫もまたキリスト教徒になり，その国の貴族も平民も，という次第だ。時にはキリスト教を冷遇する国王が出現して布教が滞ることもあったが，布教は概ね順調に進み，7 世紀末頃にはイングランド全土にキリスト教が浸透していた。

アイルランドでは，イングランドより早い 5 世紀半ばからケルト系キリスト教の布教が行われていた。それがスコットランドのケルト人の間にも浸透し，ウェールズのケルト人も帰依し始めていた。後発のローマ系キリスト教とは復活祭の日が違うなど教義や規範が違っていたため 2 つの教派は対立したが，664 年にイングランド北部のウィットビーで行われた宗教会議において，ローマ系キリスト教に合わせることで合意が得られた。

キリスト教の伝来によって，それまでルーン文字を使っていたアングロ・サクソン社会にラテンアルファベットが導入された。古英語ではこのラテンアルファベットが使われている。当時，文字を使うのは主に宗教関係者だったので，古英語で書かれる文章は宗教に関するものが多かった。また，キリスト教の言語はラテン語だったので，宗教に関するラテン語の借用が目立った。とは言ってもラテン語の影響は限定的だった（☞ 第 2 章）。

デーン人の襲撃

8世紀には，アングロ・サクソン人が作った7つの王国の間で覇権争いが続く中，スカンジナビア半島のノルウェー人とスウェーデン人，ユトランド半島のデンマーク人がイングランドを襲撃してきた。彼らは北方のゲルマン民族で，まとめてデーン人（デンマーク人）またはヴァイキング（海賊）と呼ばれる。ヴァイキングは8世紀から11世紀半ばまで繰り返しイングランドを襲撃し，イングランドの歴史に大きな影響を与えた。

最初の襲撃は787年に起きた。イギリス南部ドーセット州のポートランド島に3隻の船が着いたので，商船かと思った王の使者が出迎えに行ったところ，そのデーン人たちに殺されてしまったのだ。デーン人と呼ばれてはいるが，実際にはこの時の襲撃者はノルウェー人だった。次いで793年には大規模な攻撃でイングランド東北部ノーサンブリアのリンディスファーン修道院が襲われ，その後も修道院や教会が略奪を受けた。修道院や教会は富を蓄えていると見て襲うのである。キリスト教徒でないデーン人には修道院も教会も畏怖の対象ではなかった。

その後は約40年の空白が続き，9世紀半ばから再び，より大胆で大規模な襲撃が始まった。この空白の40年間には同じデーン人の集団がスコットランドやアイルランドを襲っていたようで，この頃にスコットランドの海岸沿いに村落や農場が作られ，アイルランドではダブリンがデーン人の入植地として発達し始めた。

先にデーン人の一部はデンマークのユトランド半島から来たと述べたが，デンマークのユトランド半島と言えばジュート人の出身地でもある。同じ民族が5世紀と8世紀にブリテン島に来て，一方は移住者と呼ばれ，他方は海賊と呼ばれている。ケルト人を追いやって定住したアングロ・サクソン人はその後イングランドのメジャーな構成員になったので移住者であり，デーン人はアングロ・サクソン人の国を脅かしたので海賊なのだろう。しかし悪者扱いされる理由は他にもある。デーン人は造船と操船の技術に長けていて，海路を使って奇襲をかけ，容赦なく略奪し，神聖な修道院や教会を破壊し家具を運び去り，修道士を殺し拉致し，国王たちからはデーンゲルド

(デーン人の金) と呼ばれる多額の和解金をせしめる，という悪行を重ねていた。ヴァイキングは残虐で凶暴だった。

40年の空白の後に再開したヴァイキングの攻撃には大きな変化があった。以前のように略奪して逃げるのでなく，土地を奪って定住し始めたのだ。彼らは以前とは違って大船団を組んで襲撃し，イングランドの王国を次々と征服した。9世紀末には，無傷で残っているのは南西部にあったウェセックスのみという状況になった。

アルフレッド大王の善政

ヴァイキングはウェセックスにも進撃してきたが，ウェセックスのアルフレッド大王 (849-99，在位 871-99) は長く厳しい戦いを制して，ついに878年，休戦状態を実現した。イングランド北東部をデーン人が支配するデーンロー地域，南西部をウェセックス王国として住み分けることで両者が合意したのだ。ヴァイキングの大将グスルムは，敵ながらあっぱれなアルフレッドに感銘を受けて，この年にキリスト教に帰依した。

休戦に入るや，アルフレッドは国の外と内の整備に取りかかった。外の整備としては，ヴァイキングの攻撃に備えて海岸警備隊を創設し，陸軍を再編し，砦や町を防壁で囲み，守備隊を配置した。内に向けては，国民の知的レベルを上げるため，修道院を再建して学問を奨励し，ラテン語教育や英語教育を促進した。戦争に明け暮れる人生を送ってきてラテン語のできなかったアルフレッドは，学識者たちを呼び寄せて自らも6年間ラテン語を学び，数々の名著をラテン語から英語に翻訳した。さらに，保守的だった法律を改正して，キリスト教的な国造りの先がけになった。貴重な歴史資料であり言語資料でもある自国史『アングロ・サクソン年代記』が編纂されたのもアルフレッド大王の尽力があってのことだ。西暦9世紀末に始まった編纂はアルフレッドの死後も続き，そこには紀元前60年から西暦1154年までの主な出来事が記録されている。

つまりアルフレッドは，後世のルネサンスと同じことをこの時代に行った。大王と呼ばれる所以である。中でも母語を重視したことは称賛に値する。アルフレッド大王の時代に古英語は良くなった。語彙が増え文法が整って，様々な事柄を表現できるようになった。つまり言語の体力がついた。現存する古英語の文献はこの時代以降にウェセックスの英語で書かれたものが多い。

この平和で活気に満ちた時代に「アングロ・サクソン」という概念がイングランド人の心に根づいたのは確実だ。それは，デーン人という敵に対しての自分たちという同胞意識が形成された時期でもあった。「自分たち」とはアングロ・サクソン人に他ならない。その意味で『アングロ・サクソン年代記』はイングランド人のルーツの象徴であり，身分証明書のようなものだ。

ところでアングロ・サクソン的とはどんな感じなのか，ルイス・キャロルの『鏡の国のアリス』(1872) に登場する使者がヒントになりそうだ。

> 'But he's coming very slowly—and what curious attitudes he goes into!' (For the Messenger kept skipping up and down, and wriggling like an eel, as he came along, with his great hands spread out like fans on each side.)
>
> 'Not at all,' said the King, 'He's an **Anglo-Saxon** Messenger—and those are Anglo-Saxon attitudes. He only does them when he's happy. His name is Haigha.'
>
> ....
>
> At this moment the Messenger arrived: he was far too much out of breath to say a word, and could only wave his hands about, and make the most fearful faces at the poor King.
>
> 'This young lady loves you with an H,' the King said, introducing Alice in the hope of turning off the Messenger's attention from himself—but it was no use—the Anglo-Saxon attitudes only got more extraordinary every moment, while the great eyes rolled wildly from side to side.
>
> 「でもすごくゆっくり来るわ。それに様子がひどく変だわ。」(というのも使者は，とんだり跳ねたりスキップして，体をウナギのようにくねらせてやってくる

のだ。大きな両手を扇子みたいに左右に広げて。）

「いや全然。あの者はアングロ・サクソンの使者でな。あれがアングロ・サクソン流というものだ。嬉しい時にはあのようにする。名をヘアと言う。」

……………………………………………

このとき使者が到着した。ハァハァ息を切らして言葉にできず，両手を振り回すばかり。もの凄い形相でキングを睨んだ。

「このお嬢さんがお前の名が気に入ったそうだ」とキングが使者の注意を自分からそらそうとするが，うまくいかない。アングロ・サクソン流は刻々と凄みを増し，大きな目玉が左右にぎょろぎょろ動いた。

ちなみに前述の歴史家タキトゥスは「ゲルマン民族は目が青く，髪は赤みを帯び，体格が良い。好戦的で，飲食を好み，寒さに強いが暑さに弱い。ローマ人が見倣うべき長所を多くもっている」と述べている。[8] 見倣うべき長所とはどんなことか知りたいところだが，この中の「ゲルマン民族」を「アングロ・サクソン人」に置き換えてイメージしても大きく外れることはなさそうだ。

さて，休戦の平和は長くは続かなかった。アルフレッド大王の跡を継いだ息子のエドワード王（在位 899-924）は戦いを再開し，ウェセックスの領土を拡大した。孫のアゼルスタン王（在位 924-39）はデーン人との戦いに大勝して，927 年から「イングランド王」を名乗るようになった。デーン人の王はアイルランドのダブリンに逃げた。

この後しばらくは小康状態が続き，1013 年からの 1 年間を除いて 1016 年までアングロ・サクソン人の王がイングランド王として全土を支配する。しかし再びデーン人の攻撃が激しくなり，1016 年にはデーン人のクヌート（994?-1035，在位 1016-35）がイングランド王になり，その後 1042 年までの四半世紀以上，デーン人の王が統治することになった。

このクヌート王も特筆に値する。王位に就くやイングランドをウェセックス，イースト・アングリア，マーシァ，ノーサンブリアの 4 つの領地に分

[8] Johnson: 16.

け，アングロ・サクソン人かデーン人かの区別なく有力者を領主に任命した。これを手始めにイングランドの政治機構を再編し，社会構造を改革し，法律を整備して，アングロ・サクソンならぬアングロ・デニッシュ文化の振興に努めたのだ。単なるデニッシュ文化でなくアングロ・デニッシュとしたところにクヌートの懐の深さが窺える。しかし，イングランド人は心情的にアングロ・サクソン人であり続けた。

イングランド王クヌートは，デンマーク王だった兄が亡くなったためデンマーク王を兼ねることになった。その上，ノルウェーを征服してノルウェー王にもなり，さらにスウェーデンの一部も支配した。そうやってイングランド，デンマーク，ノルウェー，スェーデンを含む巨大な北海帝国を築いた。その一大経済圏の中でイングランドは要衝になって繁栄し，他の国々も政治・経済的に安定してウィンウィンの関係を享受した。しかしクヌートが42歳の若さで亡くなった後，帝国はあっけなく崩壊してしまった。

クヌートの後はデーン人の治世が2代続いたが，1042年には再びアングロ・サクソン系のエドワード（在位1042-66）がイングランドの王位に就いた。このように，アングロ・サクソン人とデーン人は数世紀の長きにわたって戦い，共存した。もともと同じゲルマン民族であり，特にデーン人の中にはジュート人の出身地のユトランド半島から来たデンマーク人もいた。異民族のケルト人に対するのとは違う親しみが双方にあった。人々は日常的に交流し，結婚も行われた。そして，このように長く深い接触の間に，デーン人の話す古ノルド語（古北欧語）から多くの単語が古英語に入った。地名だけでも1,400以上が現在も使われている。

ノルマン征服

アングロ・サクソン系のエドワード王が1066年1月に亡くなると，王位の継承をめぐって戦争が勃発した。ヘイスティングズの戦いである。世界史の観点からは，アングロ・サクソン人のものだったイングランドがノルマン人のものにされてしまった重大事件とされ，ノルマン征服と呼ばれる。アングロ・サクソン人とノルマン人は両者ともゲルマン民族なので，民族レベルでの一貫性は保たれている。しかし言語や生活様式は確かに違っており，そのため英語の身に一大事が起きたのは間違いない（☞ 第 4 章）。

さて，エドワードは実際にはノルマン人とのハーフだった。父親がアングロ・サクソン人のイングランド王で，母親がフランスのノルマンディー公国の君主（ノルマンディー公）の妹だったのだ。父王のエゼルレッドが 1013 年にデーン人の攻撃から逃れて家族ぐるみで妻の実家のあるノルマンディーに亡命し，1 年後にイングランド王に復位した時，エドワードはノルマンディーに残った。9 歳からの 27 年間をそこで過ごすうちに英語はほとんど忘れてしまい，フランス語を話した。生活習慣もフランス化していた。1040 年にイングランドに呼び戻され 2 年後に王位に就いた時にはノルマン人ばかりを側近にしたので，宮廷の言語はフランス語になった。ついにアングロ・サクソン王のご帰還だ，と喜んで迎えたイングランドの貴族や国民の失望は大きかった。

それでも，エドワードは自ら政治の表舞台に立つことは少なく，信仰中心の生活をしたため，やがて人々に尊敬されるようになった。ロンドンのウェストミンスター寺院はエドワードが建てたもので，イングランド国教の代表的な教会になっている。

子のいなかったエドワードは，又従弟にあたるノルマンディー公ウィリアム（1027-87，在位 1066-87）に王位を継がせる約束をしていた。しかしエドワードが亡くなるとすぐに，イングランドで最強の貴族だったハロルド（1022?-66，在位 1066）が王位に就いてしまった。

ウィリアムは怒り心頭といったところで，こちらもすぐに動いた。ノルマンディーはフランス北西部の，イギリス海峡を隔てただけの対岸にあり，ブリテン島への上陸は容易だった。1066 年 10 月 14 日，有名なヘイスティングズの戦いが行われ，ウィリアムが勝利した。実際の戦場になったのはイースト・サセックス州ヘイスティングズの北西 10 キロほどの丘陵地であり，現在はその場所の近くに，ヘイスティングズの戦いにちなんでバトル（戦い）と名づけられた町がある。

ヘイスティングズの戦いで，アウェイのノルマン軍がたった 1 日で勝利できたのは，イングランド軍よりもノルマン軍の方が武器と戦術において洗練されていたからだ。ノルマン軍は最新式の武器を備えていた上に，騎兵隊と歩兵隊と射手隊をうまく組み合わせて戦った。現存するタペストリーには，イングランド王ハロルドが矢で目を射抜かれて亡くなる場面が描かれている。イングランドは降参し，ウィリアムは同年 12 月 25 日クリスマスの日にウェストミンスター寺院で戴冠式を挙行した。

ところで，ノルマン人はヴァイキングの子孫である。ヴァイキングは，ブリテン島を襲撃したのと同じ頃に大陸にも攻め入っていたのだ。その証拠に Norman（ノルマン人）という単語は Northman（北方の人，ヴァイキング）を意味する。アングロ・サクソン系の先王エドワードはノルマン人とのハーフで，母語の英語を忘れフランス語を話した。ノルマン系の新王ウィリアムはフランス語を母語とした。だが，どちらも根は同じゲルマン民族である。イングランドは昔も今もゲルマン人の国であるのだ。そして「アングロ・サクソン」は「ノルマン」を吸収合併し，イングランド人を表す情緒的な記号としてのステータスを保持して現在に至っている（☞ 第 3 章）。

☆古英語は 5 世紀にブリテン島に移住したアングロ・サクソン人の間で誕生した。

☆アングロ・サクソン人はドイツ，デンマーク，オランダ出身のゲルマン民族だった。

☆古英語は先住民のケルト人のケルト語からはほとんど影響を受けなかった。

☆キリスト教を布教したローマ人のラテン語からは限定的な影響を受けた。

☆3 世紀にわたって交戦し交流したデーン人の古ノルド語からは大きな影響を受けた。

☆デーン人はノルウェー，スウェーデン，デンマーク出身のゲルマン民族だった。

☆ノルマン人はデーン人の子孫だった。

第2章　古英語

現代英語をよく知るために古英語に立ち返って歴史を追う。これが本書の趣旨だが，逆に古英語から先史時代に遡ろうとする人々もいる。「言語の考古学」とも呼ぶべき比較言語学に従事する人々だ。比較言語学の知識は現代英語の立ち位置を知る上でも有用である。

インド・ヨーロッパ語族

英国人ウィリアム・ジョーンズ（1746-94）は，東インド会社に雇用されてインドの上級裁判所で裁判官を務めていた。趣味と実益を兼ねて古代インドのサンスクリット語を勉強し始めて4ヶ月になる頃，ジョーンズは，サンスクリット語の動詞語幹や文法がギリシア語やラテン語に似ていることに気付いた。

1786年2月にコルタカで行われた，自らが設立し会長を務めるベンガル・アジア協会の3周年記念講演で，ジョーンズはOn the Hindus（インド人について）という演題で講演し，その中でサンスクリット語に言及した。それは講演のメイン・テーマではなく，詳しく述べたわけでもなかったが，サンスクリット語，ギリシア語，ラテン語，それに恐らくゴート語やケルト語も，今は消滅した共通の祖先から派生したに違いない，というジョーンズの言葉は反響を呼び，研究者たちが他の言語についても関連性を探究し始めた。

言語に系統性があるという考えはジョーンズが初めてではなかったが，ジョーンズの講演が契機となって比較言語学という研究分野が誕生し，インド・ヨーロッパ語族（印欧語族）という大きな言語群が発見された。幻の祖先はインド・ヨーロッパ祖語（印欧祖語）と呼ばれ，これを再建するのが比較言語学の究極の目標とされた。ちなみに言語学ではこのように「比較言語学」という用語がインド・ヨーロッパ語族の内部での比較という意味に先取りされてしまったため，英語と日本語など語族の異なる言語を比較する場合は「対照」が用いられて，対照言語学，日英語対照研究などと言う。比較言語学は歴史言語学と呼ばれることもあるが，厳密には歴史言語学の下位分野にあたる。

英語はインド・ヨーロッパ語族の中で西ゲルマン語派というグループに属している。ゲルマン語は，①歯茎音の [d]，[t]，[ɪd] などを動詞語幹に付けて規則動詞の過去形を作る，②単語の第一音節に強勢を置く，など文法上の共通点をもつ。表1が示すように，基本語彙もよく似ている。[1] インド・ヨーロッパ語族に属さないトルコ語とは大違いだ。

表1：インド・ヨーロッパ語族の基本語彙の比較（現代英語）

英語	**good**	**hat**	**man**	**rain**	**hand**
デンマーク語	god	hat	mond	regn	hand
スウェーデン語	god, gutt	hatt	människa	regn	hand
オランダ語	goed	hoed	mens	regenen	hand
ドイツ語	gut	Hut	Mann	Regen	Hand
アイスランド語	goður	hattur	maður	regn	hönd
フリジア語	goed	hoed	man	rein	hân

＝＝＝＝＝＝＝＝＝＝＝＝＝＝＝＝＝＝＝＝＝＝＝＝＝＝＝＝＝＝＝＝＝＝＝

トルコ語	iyi	şapka	adam	yagmur	el

図1はインド・ヨーロッパ語族のファミリー・ツリーの略図である。本書で言及する言語と現代の代表的な言語のみ記載した。アスタリスク「*」は仮説上の存在であることを示す。「…」は「その他」を表す。

[1] Johnson: 21.

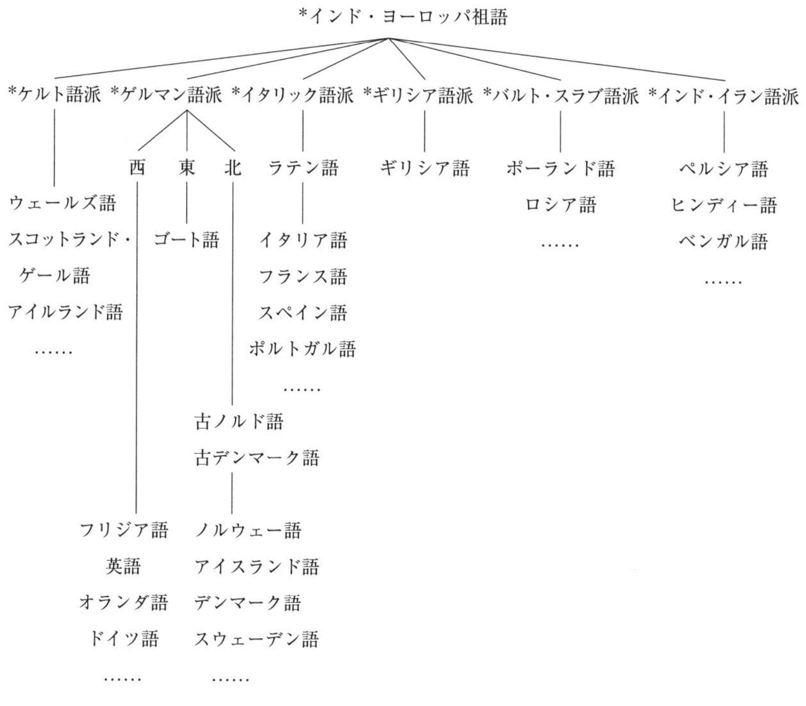

図1：インド・ヨーロッパ語族

図1にあるゴート語は死語になっており，東ゲルマン語派の言語は現存しない。また，フィンランド語はインド・ヨーロッパ語族に属さないため図1に登場しない。

図1が示すように，インド・ヨーロッパ語の話者たちのエスニシティは多様で，地域も北欧からインドまでの広範囲に及んでいる。このことから，祖語の言語集団が移動し祖語が拡散し始めたのは紀元前3500年から2500年頃と推定されている。祖語の郷土はと言えば，異なる語派の語彙を比較した結果，中央ヨーロッパであろうと推定されている。

語彙の比較は次のようにして行う。地理的距離があり借用の可能性の低い複数の語派の古代語に共通の語があれば，その語は祖語の語彙にも含まれていたと考えて矛盾は無い。たとえば「冬」や「雪」にあたる語は多くの語派の言語に見られることから，祖語にもあった，つまり祖語は寒い地域，または寒い季節のある地域で話されていたと判断できる。逆に「海」にあたる語を新造した形跡のある語派が存在することから，祖語に海を表す語は無かった，つまり郷土は内陸部だったと考えられる。同様に「象」「虎」「猿」「竹」などに相当する語がどの語派の古代語にも存在しないことから，祖語の郷土はアジアではないと言える。[2]

文献の始まり

ここからはアングロ・サクソン語とも呼ばれる古英語に的を絞って述べる。歴史言語学では一般的に，ゲルマン民族がブリテン島に移住した450年からノルマン征服のあった1100年までを古英語期としている。とは言っても，移住してすぐに言語が完成するはずもなく，古英語による最古の記録文書は700年代のものである。入手できる文献はすべてそれ以降のもので，最古の英文学と言われる叙事詩『ベオウルフ』は8世紀初頭に書かれた。『アングロ・サクソン年代記』は9世紀末に編纂が始まった。9世紀以降はウェセックスの力が強く，古英語の文献はウェセックスの英語で書かれたものが多い。

古英語は現代英語と同じアルファベットを用いたが，独特の文字が3つあった。

表2：古英語に独特の文字

文字	文字の名前	文字の発音
Æ，æ	アッシュ (ash)	[a] または [æ]
Þ，þ	ソーン (thorn)	[θ] または [ð]
Ð，ð	エズ (eth)	[θ] または [ð]

文献によってソーンが使われたりエズが使われたりするが，どちらも区別なく無声音の [θ] または有声音の [ð] を表す。本書ではソーンで統一する。

この3つの他に「ウィン」(wynn) と呼ばれる Ƿ，ƿ という文字もあったが，ウィンは形がソーンと紛らわしいため，19世紀半ばからは編集者の判

2 Baugh and Cable: 32-35.

断でほとんどの文献が W, w で代替している。「ヨッホ」(yogh) と呼ばれる Ȝ, ȝ は稀に中英語でも見かけるが，これも Z, z または G, g で代替する慣習が根づいている。

アングロ・サクソン人は当初，ルーン文字と呼ばれる記号体系を持っていた。ルーン文字は主に直線を組み合わせて様々な形にした表音文字で，石や木材に塗ったり彫り刻んだりして使った。ブリテン島がキリスト教化された時にラテン語のアルファベットに駆逐されたが，古英語の発音を表記するため，ルーン文字からソーンとウィンが復活した。

文法については，古英語は現代英語にある品詞のうち冠詞と助動詞を除くすべての品詞を備えていた。このため古英語の文法は現代の英文法の術語で説明することができる。ただし，それらの品詞の機能は現代英語と同じではない。たとえば，主語を必要としない動詞があった。形容詞が冠詞のような働きをした。接続詞は副詞のような働きをした。この他にも様々な違いがあった。

古英語の文法の特徴は，多くの品詞において単語が激しく形態を変えることだ。語幹の母音が変化したり，語尾が付け加わったりする。この変化を**屈折**と言う。現代英語でも，動詞の過去形と過去分詞形 (drive–drove–driven; love–loved–loved)，形容詞の比較級と最上級 (wise–wiser–wisest) などで屈折がよく用いられるが，古英語は現代英語とは比較にならないほど複雑な屈折体系を備えていた。屈折はゲルマン語に共通の特徴であり，元を正せばインド・ヨーロッパ祖語の特徴でもあった。

名詞

名詞は指示対象の性，数，格を表さなければならなかった。**性**は自然の性ではなく文法が指定する性を表した。たとえばこうなる。

男性：*earm* (arm 腕), *fōt* (foot 足), *stān* (stone 石), *wīfmann* (woman 女性)
女性：*bōc* (book 本), *eaxl* (肩), *giefu* (gift 結納金), *glōf* (glove 手袋)
中性：*brim* (海), *lim* (limb 手足), *mægden* (少女), *scip* (ship 船), *wīf* (女性)

数は，名詞には単数形と複数形があった。**格**は，主格，対格，属格，与格の4つだった。[3]

性，数，格を表す名詞の屈折には5つの型があった。そのうち一般的な3つの型から例を1つずつ出したのが表3である。なお，文法上の位置づけとして主格は日本語の「が」格，対格は「を」格，属格は「の」格，与格は「に」格に近い。

表3：名詞の一般的な屈折（古英語）

	男性名詞		女性名詞		中性名詞	
	stān（stone）		*giefu*（gift）		*scip*（ship）	
	単数	複数	単数	複数	単数	複数
主格（が）	*stān*	*stānas*	*giefu*	*giefa*	*scip*	*scipu*
対格（を）	*stān*	*stānas*	*giefe*	*giefa*	*scip*	*scipu*
属格（の）	*stānes*	*stāna*	*giefe*	*giefa*	*scipes*	*scipa*
与格（に）	*stāne*	*stānum*	*giefe*	*giefum*	*scipe*	*scipum*

名詞の45%は男性名詞で，その5分の4が *stān* 型の屈折をした。名詞の30%は女性名詞で，その6分の5が *giefu* 型の屈折をした。残る25%は中性名詞で，そのほとんどが *scip* 型である。[4]

表4は現代英語の名詞の屈折（の少なさ）を示す。古英語と違って単純だ。

表4：名詞の屈折（現代英語）

	stone		gift		ship	
	単数	複数	単数	複数	単数	複数
主格	stone	stones	gift	gifts	ship	ships
目的格	stone	stones	gift	gifts	ship	ships
所有格	stone's	stones'	gift's	gifts'	ship's	ships'

現代英語では，所有格にアポストロフィを付けて複数形と区別する。この習

[3] 古英語には他に呼格，具格，随伴格があり，本書にも登場する。
[4] Quirk and Wrenn: 20（数字のみ引用）.

慣は 17 世紀から 18 世紀に定着した。

古英語に話を戻すと，名詞の第 4 の屈折型は *-an* を多く用いるもので，語によって微細な相違があるが，多くの男性名詞と女性名詞，それに 2 つの中性名詞がこの型に属する。その 2 つの中性名詞とは *ēage*（eye 眼）と *ēare*（ear 耳）である。たとえば *ēage* は，単数 *ēage*，*ēage*，*ēagan*，*ēagan*，複数 *ēagan*，*ēagan*，*ēagena*，*ēagum* という屈折をした。

第 5 の型は不規則屈折である。このグループの語はごく頻繁に使われるため，独自の屈折型が保たれた。以前には他にも多くの個性的な屈折が存在したが規則化されてしまったと思われる。不規則屈折のうち特に**母音変異**（ウムラウト）によって複数形を作るものは，同じ型がドイツ語の Apfel（リンゴの単数形）と Äpfel（リンゴの複数形）などにも見られることから，古英語に先立つゲルマン語の時代にすでに存在していたと考えられる。

表 5：母音変異による名詞の屈折の例（古英語）

	fōt（foot）男性		*gōs*（goose）女性	
	単数	複数	単数	複数
主格	*fōt*	*fēt*	*gōs*	*gēs*
対格	*fōt*	*fēt*	*gōs*	*gēs*
属格	*fōtes*	*fōta*	*gōse*	*gōsa*
与格	*fēt*	*fōtum*	*gēs*	*gōsum*

表 5 の *fōt* と *gōs* は現代英語でも foot–feet（足），goose–geese（ガチョウ）として単数形と複数形を表す。この他にも母音変異型の屈折を現代英語まで残している強者に man–men（男），woman–women（女），tooth–teeth（歯），mouse–mice[5]（ネズミ），louse–lice（シラミ）などがある。book（本）と friend（友人）は古英語 *bōc* と *frēond* では母音変異型だったが，現在までに規則化されてしまった。

ここまで古英語の名詞の性と数を中心に述べた。次に格は，多様な機能を果

[5] パソコンのマウスの複数形は mouses と言う。

たしていた。**主格**は主語になり，主格補語になった。名詞では主格が呼格を吸収していたため，つまり呼格は独自の屈折を持たなかったため，呼びかけにも主格を使った。主格に関しては現代との相違は特に無い。

対格は，①直接目的語になり，②副詞的に空間や時間を表し，③前置詞に付いて移動や目標を表した。まず，①の直接目的語とは他動詞の目的語のことだ。他動詞は受動態になることができる。言い換えれば，能動文の直接目的語だけが受動文の主語に対応する。また，現代の結果構文にあたるSVOC の OC を「対格名詞＋*tō*＋与格名詞」で表した。

… *hine*［対格］ *hālgode* *tō* *cyninge*［与格］
(him consecrated to king)
現代英語：… consecrated him king（彼を王に任命した）

②の例は walk a mile（1 マイル歩く）など現代英語でも見られる。この mile は古英語の女性名詞 *mīl* の対格形 *mīle* の現在の姿である。ちなみに 1 マイルの mile は millennium（千年）と同語源で，ローマ人が「1000 歩の距離」の意味で使ったことに由来する。

③は，前置詞 *ofer*（over），*þurh*（through）などが対格名詞を取ることを言う。対格名詞と与格名詞のどちらも取る前置詞の場合は，基本的に「前置詞＋対格名詞」が空間的，時間的，抽象的な移動を表し，「前置詞＋与格名詞」が静止状態を表した。しかし棲み分けは徹底していなかった。

次に**属格**の用法は，現代英語の所有格と of 句が様々な意味を表すのと同様に多岐にわたった。その中で特筆すべきは，古英語では，①属格が一部の動詞の目的語になる，つまり一部の動詞は必ず属格名詞を伴うこと，および②属格名詞が副詞的な用法を持つことである。①の例としては，*brūcan*（楽しむ），*fægnian*（享受する），*belīþan*（奪う）などが属格目的語を伴い，*biddan*（bid［廃語］懇願する），*lettan*（let［古語］妨げる）などが属格目的語と対格目的語の両方を伴い，*geunnan*（授与する），*forwyrnan*（拒絶する）などは属格目的語と与格目的語の両方を伴った。

②の副詞用法では，*dæges ond nihtes*（by day and night 昼も夜も），*Godes þonces*（神のお恵みで），*ealles*（all 完全に）など属格名詞が副詞として機能し

た。現代英語の Sundays（日曜日ごとに），nights（いつも夜間に），sideways（横に）の -s も属格の名残である。always も all way の属格に由来する。

最後に**与格**は，①他動詞の，人を指示対象とする間接目的語になり，②自動詞の与格目的語になり，③様々な**付帯状況**を時には前置詞を伴って表した。次は①の例である。

… *þe* *him*［与格］*hringas*［対格］*geaf*
（ who/which him rings gave）
現代英語：… who gave him rings（彼に指輪を与えた（人））

古英語には先に見たように様々な二重目的語の文があったが，そのうち，この「与格＋対格」だけが現代の SVOO 文型へと発達し，他は前置詞を使った表現で置き換えられた。

②は，与格目的語を取る動詞は自動詞とみなされると言っている。しかし *helpan*[6]（help 助ける），*andswarian*（answer 答える），*fylgan*（follow ついて行く）など古英語で与格目的語を取る自動詞だった動詞の多くは現代では他動詞と解釈され，その与格目的語は直接目的語とみなされるようになった。したがって受動態も可能になった。

③は，場所，時間，手段，理由，比較などの表現に与格名詞が用いられることを言う。このうち場所の表現はほとんどが前置詞を伴った。この他に非人称構文で意味上の主語を表すにも与格名詞がよく用いられた（非人称構文については「文の構造」の件で述べる）。さらに，単独の属格名詞に代わって「of＋与格名詞」とする迂言表現が古英語ですでに使われ始めていた。ごく稀に付帯状況を表す**独立分詞構文**が使われることもあり，その際には動作の主体を与格名詞で表し，現在分詞を形容詞の不定変化型の与格にした（形容詞の屈折については後述する）。独立分詞構文はラテン語の構文を表面的に真似たものにすぎないという見解もある。[7] しかし，いずれにしても，古英語に独立分詞構文を形成する能力があったことは確かだ。独立分詞構文は古英語期

[6] *helpan* は属格目的語を取ることもあった。
[7] Jespersen: 117-8.

と中英語期にはごく稀だったが，17 世紀後半に急増し定着する。

③の例を示す。与格（および具格）の名詞と代名詞，与格の現在分詞を太字で表示した。

［場所］ *on* ***sele*** *wunian*（広間に住む）

［時間］ ***hwīlum***（時々）

［手段］ ***hondum*** *gebrōden*（手で織られた）

［理由］ ***hwȳ***（何故に）［*hwæt*（what 何）の具格］

［比較］ *Hige sceal* ***þȳ*** *heardra,* ***þȳ*** *ūre mægen lȳtlaþ.* ［*þæt* の具格］

（mind shall the harder the our might lessens）

現代英語：The more our strength lessens, the sterner the mind must be.

（体力が落ちれば落ちるほど精神力が強くなければならない。）

［非人称構文］ ***Him*** *wæs lāþ.*

（him was loathful）

現代英語：It was disagreeable to him.（彼は不快な思いがした。）

［*of*＋与格名詞］ *sume of* ***þǣm*** ***cnihtum***

（some of the/those men ）

現代英語：some of the men（男たちのうちの数人）

［独立分詞構文］ ***Him sprecendum*** *hīe cōmon.*

（him speaking they came ）

現代英語：While he was speaking, they came.

（彼が話しているうちに彼らが来た。）

このように与格の用法は実に多様だった。道具や手段を表す時に *mid horsum*（with horses）など「前置詞＋与格名詞」とすることもよくあった。

上の「理由」と「比較」の *hwȳ* と *þȳ* は具格である。通常，具格は与格に吸収されているが，疑問代名詞と指示代名詞は異なる屈折形を備えていた。すなわち *hwæt*（what）には与格 *hwǣm* と具格 *hwȳ* が存在し，*þæt*（that）には

与格 *þǣm* と具格 *þȳ* が存在した。具格は日本語の「で」格に近い。他に「と」格に近い随伴格もあったが，これも与格に吸収されていることが多かった。

ここで**意味役割**について述べる。意味役割は現代の英語学で開発された概念だが，古英語を説明するにも有用である。

名詞の指示対象は，現実の様々な事態に何らかの意味役割を担って参加する。③で例示した用法のうち場所，時間，手段，理由は意味役割である。一方，比較，非人称構文，*of*＋与格名詞，分詞構文は，単語より大きな言語形式の名称である。これらの形式で用いられる与格名詞も，各々，程度，**経験者**，帰属先，**動作主**といった意味役割を担う。③を説明するにあたっては，便宜上，形式と意味のうち分かりやすいと思われる方を使った。

与格のみでなく主格，属格，対格の名詞の指示対象にも意味役割がある。主格は意図して何らかの行為を行う動作主や，出来事の**原因**を表すことが多い。属格は人や物の帰属先を表し，対格は動作主の行為の影響を受ける指示対象すなわち**被動者**を表す。与格が表す経験者は，何らかの**刺激**を受けて感受性を働かせる人を表す。現実世界には多種多様な出来事があり，出来事への関わり方も無数にあるが，動作主，被動者，経験者，原因，刺激などは多くの出来事に関与する意味役割であり，どんな言語を語る上でも有用な概念である。加えて**受領者**という意味役割も存在する。受領者は，先に与格の用法①で言及した SVOO 文の与格名詞など，意図して受け取りを行う人を表す。

以上，名詞について見た。名詞との関連で他の品詞や構文や意味役割についても知ることができた。その中で，現代の観点からは特に次の事実が注目に値する。

・結果を表す SVOC 文の OC を「対格名詞＋*tō*＋与格名詞」で表した。
・与格と対格を用いた SVOO 文が存在した。
・空間表現には「前置詞＋名詞」がよく用いられ，移動を対格，状態を与格で表した。

・現代英語の副詞 why の前身は代名詞 what の具格だった。
・慣用表現 The more, the better の型が存在し，the が具格の屈折をした。
・非人称構文で与格がよく用いられた。
・ごく稀に独立分詞構文が見られ，動作主体と分詞が与格の屈折をした。

代名詞・数詞

古英語では**代名詞**も名詞に準じて複雑な屈折を示した。代名詞の種類は現代英語とほぼ同じだが，用法は同じではなかった。まず**人称代名詞**の体系はこうなる。[8]

表 6：人称代名詞の屈折（古英語）

	1 人称			2 人称			3 人称			
	単数	双数	複数	単数	双数	複数	単数			複数
							男性	女性	中性	
主格	*ic*	*wit*	*wē*	*þū*	*git*	*gē*	*hē*	*hēo*	*hit*	*hīe*
対格	*mē*	*unc*	*ūs*	*þē*	*inc*	*ēow*	*hine*	*hīe*	*hit*	*hīe*
属格	*mīn*	*uncer*	*ūre*	*þīn*	*incer*	*ēower*	*his*	*hiere*	*his*	*hiera*
与格	*mē*	*unc*	*ūs*	*þē*	*inc*	*ēow*	*him*	*hiere*	*him*	*him*

人称代名詞の属格は所有形容詞としても用いられた。その場合，1 人称と 2 人称の所有形容詞は不定変化型の屈折をした（不定変化型については形容詞の件で述べる）。3 人称の所有形容詞 *his*，*hiere*，*hiera* は屈折しなかった。ちなみに，現代の所有代名詞 mine，yours などは近代英語期に人称代名詞の属格の 1 つとして登場する（☞ 第 6 章）。

現代英語と比べると，古英語の人称代名詞は幾つかの点で顕著に異なっていた。すなわち，①古英語では 1 人称単数主格が大文字の I ではなかった。②1 人称と 2 人称には 2 名を表す双数形があった。③2 人称が単数形と複数形で異なっていた。④3 人称女性単数の主格が現在の she とは全く違っ

[8] 代名詞の綴りは文献によって語末に細かい違いが見られる。

ていた。⑤3人称複数のすべての格が現在とは全く違っていた。この①～⑤は中英語期に大きな変化を経ることになる。

指示代名詞は，限定詞[9] として名詞を修飾したり，代名詞として単独で生起したりする。代名詞用法では，男性単数主格の *se* は母音が長音化して *sē* になった。

se の系列は3人称の人称代名詞として用いられることもあった。表7が示すように，女性単数主格形 *sēo* は現代の she に音形が似ており，複数形はどれも現代の they などと同じ [ð] の音を持っていた（☞第4章）。

表7：指示代名詞の屈折（古英語）

	se（the，that）				*þes*（this）			
	単数			複数	単数			複数
	男性	女性	中性		男性	女性	中性	
主格	*se*	*sēo*	*þæt*	*þā*	*þes*	*þēos*	*þis*	*þās*
対格	*þone*	*þā*	*þæt*	*þā*	*þisne*	*þās*	*þis*	*þās*
属格	*þæs*	*þǣre*	*þæs*	*þāra*	*þisses*	*þisse*	*þisses*	*þissa*
与格	*þǣm*	*þǣre*	*þǣm*	*þǣm*	*þissum*	*þisse*	*þissum*	*þissum*
具格	*þȳ*	*þǣre*	*þȳ/þon*					

これらの屈折形のうち中性単数具格の *þȳ* については先に名詞の与格の件でも触れた。また，*se* の複数と *þes* では具格は与格に吸収されているため表に記載していない。

se と *þes* は，ともに指示代名詞と呼ばれているが，機能は同じではなかった。*se* は既知のものや話者が思い描いているものを表し，*þes* は現場にあるものや談話に登場したものを「それ」「これ」と指示した。つまり *se* は特定[10] を行い，*þes* は**直示**を行った。稀に *se* が遠いものを指し，*þes* が近い

[9] 限定詞は後続する名詞の指示対象のあり方を定める機能を持ち，冠詞，代名詞，数詞など様々な品詞を含む。［例］a，the，this，those，my，your，few，many，two，three，等々。

[10] 一般的な意味での「特定」で，「確定 definite」と「特定 specific」を兼ねる（☞第7章

ものを指した。この用法では *se* と *þes* はどちらも直示表現[11]であり，対比的な関係にあった。

中英語では，*se* の男性単数主格形 *se* が不変化の**定冠詞** *the* へと分化し，*se* の中性単数主格形 *þæt* は指示代名詞 *that* として *this*（古英語の *þes*）と対比するようになる（☞ 第 4 章）。

ここまで人称代名詞と指示代名詞について述べ，定冠詞の前身にも触れた。では不定冠詞はと言えば，古英語には**不定冠詞**も存在しなかった。古英語では「ある 1 つの」という意味を数詞 *ān*（one），不定代名詞 *sum*，あるいはゼロ表示で表しており，不定冠詞は中英語期に数詞 *ān* から発達する（☞ 第 4 章）。不定代名詞 *sum* は 16 世紀末に some になる。

次に**疑問代名詞** *hwā*（誰，何）の屈折を表 8 で示す。*hwā* には男性形と中性形のみがあった。この *hwā* の他に，*hwæþer*（2 つのうちのどっち）と *hwelc*（3 つ以上のうちのどれ）という疑問代名詞も存在した。疑問代名詞は形容詞の不定変化型の屈折をした。

表 8：疑問代名詞 *hwā* の屈折（古英語）

	男性（who）	中性（what）
主格	*hwā*	*hwæt*
対格	*hwone*	*hwæt*
属格	*hwæs*	*hwæs*
与格	*hwǣm*	*hwǣm*
具格		*hwȳ/hwon*，*hū*

現代英語 who（誰）と what（何）は古英語では同じ代名詞の異形態だったのだ。中性の具格 *hwȳ* と *hwon* は現代英語 why，*hū* は how へと発達する。

冠詞）。

[11] 直示表現では物理的文脈に応じて指示対象が変異する。this と that の他に，I，you，here，there，today，yesterday，now，then なども直示表現である。

数詞の屈折は一風変わっていた。数詞には基数と序数があり，基数のうち 1 から 3 までは被修飾語である名詞の性，数，格に応じて形容詞と同じ屈折をしたが，4 以上の基数は屈折せず，被修飾語の名詞の方が属格になった。たとえば *twentig scipa* は，文字通りには twenty of ships と言っている。序数は，2 以外は形容詞の定変化型の屈折，2 は不定変化型の屈折をした。

表 9 は古英語の数詞の例である。

表 9：数詞（古英語）

	基数		序数	
	古英語	現代英語	古英語	現代英語
1	*ān*	one	*forma*	first
2	*twā*	two	*ōþer*	second
3	*þrēo*	three	*þridda*	third
4	*fēower*	four	*fēorþa*	fourth
5	*fīf*	five	*fīfta*	fifth
6	*siex*	six	*siexta*	sixth
7	*seofon*	seven	*seofoþa*	seventh
8	*eahta*	eight	*eahtoþa*	eighth
9	*nigon*	nine	*nigoþa*	ninth
10	*tīen*	ten	*tēoþa*	tenth
11	*endleofan*	eleven	*endleofta*	eleventh
12	*twelf*	twelve	*twelfta*	twelfth
13	*þrēotīen*	thirteen	*þrēotēoþa*	thirteenth
20	*twentig*	twenty	*twentigoþa*	twentieth
100	*hund*	hundred	*hundteōntigoþa*	hundredth
1000	*þūsend*	thousand	不明	thousandth

14 から 19 の数字は 13 と同様に作られる。21 以上は基数 *ān and twentig*，序数 *ān and twentigoþa*，等々，現代のドイツ語と同じように 1 桁めの数字を先に言った。

100 の基数には *hund* の他に *hundred*，*hundtēontig* があった。また，1 の序数には *forma* の他に *fyrsta*，*fyrmest* があった。1 の序数 *forma* と

fyrsta は「前方へ」という意味の古英語の接頭辞 *for-* を別々のルートで最上級にしたものである。現代の first は *fyrsta* に由来する。この *fyrsta* を二重に最上級にしたのが *fyrmest* で，現代では foremost（いの一番の，真っ先に）になっている。*forma* を二重に最上級にした *formest* も 12 世紀以降の文献に出ており，古英語でも使われていたと考えられる。この *formest* も現代英語 foremost へと発達する。

表 9 で，2 の序数を除いてはどれも古英語から存在した本来語である。古英語には 2 の序数が存在せず，現代英語 other の前身にあたる *ōþer*（2 つのうちの 1 つを取った残りの方）を代用していた。この空白は 13 世紀にフランス語由来の *secund*（2 番めの，第 2 に）が埋めることになる。

以上，代名詞と数詞について見た。注目すべき特徴をまとめるとこうなる。

- 1 人称代名詞「私が」が大文字の I ではなく *ic* だった。
- 1 人称と 2 人称には双数形があった。
- 2 人称は単・双・複数で形が違っていた。
- 3 人称の「彼女が」と「彼らが / を / の / に」が現在と全く違う形だった。
- 指示代名詞の屈折形の 1 つ *se* が定冠詞の前身だった。
- 不定冠詞も存在せず，数詞 *ān*，代名詞 *sum*，またはゼロ表示によって「ある 1 つの」という意味を表した。

形容詞・副詞

古英語の**形容詞**は，①名詞を修飾し，②主格補語になる。この点は現代英語と同じだ。現代英語では①の機能を限定用法，②を叙述用法と呼ぶ。しかし，古英語ではその違いよりも，その形容詞が指示対象を特定する表現として使われているか否かが重要視され，それによって屈折の型が違った。形容詞の前に指示代名詞，所有形容詞[12]（人称代名詞属格），または 2 以外の序数が付いていれば特定表現である。また，比較級は特定表現とされ，常に定変

[12] 前述のように，1 人称と 2 人称の所有形容詞自体は不定変化をする。

化型の屈折をした。*þū yfla cnapa*（you evil servant 悪い召使いめ）など呼びかけも特定表現である。

特定を行う時の形容詞の屈折型を現代の歴史言語学では definite declension[13]（定変化）または weak declension（弱変化）と呼んでいる。「定変化」は形容詞が特定を行う時の変化という意味で，「弱変化」はもう 1 つの型と比べて屈折のバリエーションが少ないという意味である。古英語を語るにあたって definite（確定的な）という現代の概念を用いるのは語弊があるが，本書ではそれを踏まえた上で定変化と呼ぶことにする。

特定表現でない形容詞は indefinite declension（不定変化）または strong declension（強変化）と呼ばれる型の屈折をした。主格補語になる叙述用法か名詞修飾の限定用法かを問わず，指示代名詞の類が付かなければ不定変化型の屈折をする。最上級でも *se* など指示代名詞が付かなければ不定変化をする。たとえば *Þæt land is brādost*（That land is broadest あの土地は実に広大だ）の *brādost* は不定変化型の中性単数主格形である。また，2 の序数 *ōþer* が付いても特定したことにはならなかった。他に *eall*（all），*fēawe*（few），*genog*（enough），*manig*（many）も常に不定変化を誘発した。これらは限定詞だが，特定する機能は持たなかったのである。

このように古英語に特定か否かを基準にした 2 つの屈折型があったことは特筆に値する。古英語の話者たちは，集合体の中から「あの美しい花」などとして個体をピンポイントすることに関心があった。それは「今の季節は花が美しいなあ」などと言うのとは違う，という認識が彼らにはあった。これは西欧の実体中心の世界観あるいは個人主義と呼ばれる態度を示唆している。先に見たように古英語の指示代名詞の中から特定を専門に行う定冠詞が中英語で出現するのも，それが現代英語で緻密な冠詞体系に発達するのも，同じ価値観の表れである（☞ 第 7 章）。

定変化型と不定変化型の屈折語尾を対照するとこうなる。

[13] 屈折は広い意味で inflection だが，名詞と形容詞の屈折を特に declension と言う。

表 10：形容詞の定変化型屈折（古英語）

	単数			複数
	男性	女性	中性	
主格	*-a*	*-e*	*-e*	*-an*
対格	*-an*	*-an*	*-e*	*-an*
属格	*-an*	*-an*	*-an*	*-ra/-ena*
与格	*-an*	*-an*	*-an*	*-um*

表 11：形容詞の不定変化型屈折（古英語）

	単数			複数		
	男性	女性	中性	男性	女性	中性
主格	—	—	—	*-e*	*-e*	—
対格	*-ne*	*-e*	—	*-e*	*-e*	—
属格	*-es*	*-re*	*-es*	*-ra*	*-ra*	*-ra*
与格	*-um*	*-re*	*-um*	*-um*	*-um*	*-um*

定変化型は語尾変化が均一的で音声的にも目立たないため後続の名詞との一体感が得やすい。効率良く概念を伝え，目指す個体をピンポイントしようという意図が見える。

表 10 を形容詞 *gōd*（good）に適用し，先の表 3 の名詞と表 7 の指示代名詞を合わせるとこうなる。形容詞の語尾を太字で示す。ちなみに当時 good stone は「貴石」を意味した。

表 12：that good stone 他の屈折（古英語）

単数	男性	女性	中性
	the/that good stone	the/that good gift	the/that good ship
主格	*se gōd**a** stān*	*sēo gōd**e** giefu*	*þæt gōd**e** scip*
対格	*þone gōd**an** stān*	*þā gōd**an** giefe*	*þæt gōd**e** scip*
属格	*þæs gōd**an** stānes*	*þǣre gōd**an** giefe*	*þæs gōd**an** scipes*
与格	*þǣm gōd**an** stāne*	*þǣre gōd**an** giefe*	*þǣm gōd**an** scipe*

表 13：those good stones 他の屈折（古英語）

複数	those good stones	those good gifts	those good ships
主格	*þā gōd**an** stānas*	*þā gōd**an** giefa*	*þā gōd**an** scipu*
対格	*þā gōd**an** stānas*	*þā gōd**an** giefa*	*þā gōd**an** scipu*
属格	*þāra gōd**ra**/gōd**ena** stāna*	*þāra gōd**ra**/gōd**ena** giefa*	*þāra gōd**ra**/gōd**ena** scipa*
与格	*þǣm gōd**um** stānum*	*þǣm gōd**um** giefum*	*þǣm gōd**um** scipum*

「指示代名詞＋形容詞」はそれだけで名詞句の働きをすることがあった。たとえば *se gōda* は後続の名詞を省略しても，屈折から the good (one)［男性単数主格］だと分かる。*þā gōdan* は the good (ones)［複数主格または対格］，*þǣm ādligan* は to the sick (one)［男性または中性単数与格］だ。このため古英語では，形容詞が名詞句の主要語になることがよくあった。

基本的に，形容詞の**比較級は -*ra*** を，**最上級**は *-ost* または *-est* を語幹に付けて作った。この屈折をした上で，比較級は常に定変化型の屈折をした。最上級は指示代名詞などが付いていれば定変化型，そうでなければ不定変化型になった。

原級，比較級，最上級の例，および比較級を用いた例文を挙げる。

gōd (good) —— *betera* / *betra* / *sēlra* —— *betst* / *sēlest*
heard (hard) —— *heardra* —— *heardost*
lēof (beloved / dear) —— *lēofra* —— *lēofost*
lȳtel (little) —— *lǣssa* —— *lǣst*

Sē　wæs　betra　þonne　ic.
(the / that　was　better　than　I)
現代英語：He was better than I.（彼の方が私より秀れていた。）

副詞の比較級は *-or*，最上級は *-ost* または *-est* を付けて作ったが，それ以外の形もあった。形容詞と違ってそれ以上の屈折はしなかった。例を見てみよう。

副詞の原級	比較級	最上級
oft (often) ——	*oftor*	—— *oftost*
luflīce (lovingly) ——	*luflīcor*	—— *luflīcost*
lȳt (little) ——	*lǣs*	—— *lǣst*
micle (much) ——	*mā*	—— *mǣst*
wel (well) ——	*bet* / *sēl*	—— *betst* / *sēlest*

以上，形容詞と副詞について見た。形容詞には注目すべき特徴があった。

・形容詞には指示対象を特定するか否か，つまり形容詞に *se*（the/that）などが付くか否かに応じた2つの屈折型があった。「特定」は重要な機能だった。

動詞

動詞は主語の人称と数，時制，相，態，法に応じて屈折した。現代英語に比べると相の体系は未発達だった。法は体系化され，古英語文法にしっかり組み込まれていた。

まず屈折から見ていく。動詞は屈折の仕方によって大きく3種類に分けられる。第1は consonantal conjugation[14]（子音活用）をする動詞，つまり語幹に [d] など歯茎音を足して過去形を作る動詞である。これについては本章の冒頭でも広くゲルマン語の特徴として触れた。このタイプは子音型または弱変化動詞と呼ばれ，古英語の動詞の約4分の3はこの活用をした。本書では弱変化動詞と呼ぶ。第2は vocalic conjugation（母音活用）をする動詞，つまり語幹の母音を変化させて過去形を作る動詞である。このタイプは母音型または強変化動詞と呼ばれ，古英語の動詞の約4分の1がこれにあたる。この他に全体の50分の1ほど不規則動詞と呼ばれる動詞があった。[15] だが一方では，強変化動詞の数が複合語の類を除けば300を少し超える程度だという説[16] もあり，両者とも正しければ古英語の動詞の総数は驚くほど少なかったか，複合語と合成語が驚くほど多かったことになる。

表14では弱変化動詞から3つを選んで活用を示す。

---

[14] 動詞の屈折を特に conjugation（活用）と言う。
[15] Quirk and Wrenn: 40.
[16] Baugh and Cable: 56.

表 14：弱変化動詞の活用例（古英語）

	nerian（救う）		*lufian*（love）		*habban*（have）	
人称と数	現在	過去	現在	過去	現在	過去
【直説法】						
1 単 *ic*	*nerie*	*nerede*	*lufie*	*lufode*	*hæbbe*	*hæfde*
2 単 *þū*	*nerest*	*neredest*	*lufast*	*lufodest*	*hæfst*	*hæfdest*
3 単 *hē*，*hēo*，*hit*	*nereþ*	*nerede*	*lufaþ*	*lufode*	*hæfþ*	*hæfde*
1-3 複 *wē*，*gē*，*hīe*	*neriaþ*	*neredon*	*lufiaþ*	*lufodon*	*habbaþ*	*hæfdon*
【仮定法】						
1-3 単	*nerie*	*nerede*	*lufie*	*lufode*	*hæbbe*	*hæfde*
1-3 複	*nerien*	*nereden*	*lufien*	*lufoden*	*hæbben*	*hæfden*
【命令法】						
2 単	*nere*	—	*lufa*	—	*hafa*	—
2 複	*neriaþ*	—	*lufiaþ*	—	*habbaþ*	—
分詞	*neriende*	*genered*	*lufiende*	*gelufod*	*hæbbende*	*gehæfd*

なお *habban*（have）には否定形 *nabban*（not have）があり，*habban* と同じ活用をした。

強変化動詞は，現在形と過去形で語幹の母音が異なるのが特徴である。例を 3 つ選んで表 15 で示す。

表 15：強変化動詞の活用例（古英語）

	bindan（bind）		*drīfan*（drive）		*sēon*（see）	
人称と数	現在	過去	現在	過去	現在	過去
【直説法】						
1 単 *ic*	*binde*	*band*	*drīfe*	*drāf*	*sēo*	*seah*
2 単 *þū*	*bindest*	*bunde*	*drīfst*	*drife*	*syhst*	*sāwe*
3 単 *hē*，*hēo*，*hit*	*bindeþ*	*band*	*drīfþ*	*drāf*	*syhþ*	*seah*
1-3 複 *wē*，*gē*，*hīe*	*bindaþ*	*bundon*	*drīfaþ*	*drifon*	*sēoþ*	*sāwon*
【仮定法】						
1-3 単	*binde*	*bunde*	*drīfe*	*drife*	*sēo*	*sāwe*
1-3 複	*binden*	*bunden*	*drīfen*	*drifen*	*sēon*	*sāwen*
【命令法】						
2 単	*bind*	—	*drīf*	—	*seoh*	—
2 複	*bindaþ*	—	*drīfaþ*	—	*sēoþ*	—
分詞	*bindende*	*gebunden*	*drīfende*	*gedrifen*	*sēonde*	*gesewen*

不規則動詞は次の 2 つのグループに分けられる。

(1) *wesan* と *bēon*（be），*willan*（will ～したい），*nyllan*（～したくない），*dōn*（do ～させる），*gān*（go）

(2) *āgan*（own 持っている），*cunnan*（can やり方を知っている），*magan*（may ～する力がある），*mōtan*（must ～してもよい，許される），*sculan*（shall ～せねばならない），*witan*（見たことがある，知っている），*þurfan*（必要がある），*durran*（dare 敢えて行う），等々。

これらの中には廃語になったものもあるが，当時はどれも使用頻度が極めて高く，だからこそ不規則な活用を保つことができた。まず (1) の *wesan*, *bēon* の活用を表 16 で示す。

表16：*wesan*，*bēon* の活用（古英語）

	wesan，*bēon*（be）		
	人称と数	現在	過去
直説法	1単 *ic*	*eom*，*bēo*	*wæs*，—
	2単 *þū*	*eart*，*bist*	*wǣre*，—
	3単 *hē*，*hēo*，*hit*	*is*，*biþ*	*wæs*，—
	1-3複 *wē*，*gē*，*hīe*	*sind/sindon*，*bēoþ*	*wǣron*，—
仮定法	1-3単	*sīe*，*bēo*	*wǣre*，—
	1-3複	*sīen*，*bēon*	*wǣren*，—
命令法	2単	wes，*bēo*	—，—
	2複	*wesaþ*，*bēoþ*	—，—
分詞		*wesende*，*bēonde*	*gebēon*，—

このように be 動詞は2つあったが，*bēon* の方には過去形が無かった。

次の表17は（1）の *willan*，*dōn*，*gān* の活用を示す。（1）の *nyllan* は廃れている。

表17：*willan*（will），*dōn*（do），*gān*（go）の活用（古英語）

	willan（will）		*dōn*（do）		*gān*（go）	
人称と数	現在	過去	現在	過去	現在	過去
【直説法】						
1単 *ic*	*wille*	*wolde*	*dō*	*dyde*	*gā*	*ēode*
2単 *þū*	*wilt*	*woldest*	*dēst*	*dydest*	*gǣst*	*ēodest*
3単 *hē*，*hēo*，*hit*	*wile/wille*	*wolde*	*dēþ*	*dyde*	*gǣþ*	*ēode*
1-3複 *wē*，*gē*，*hīe*	*willaþ*	*woldon*	*dōþ*	*dydon*	*gāþ*	*ēodon*
【仮定法】						
1-3単	*wille/wile*	*wolde*	*dō*	*dyde*	*gā*	*ēode*
1-3複	*willen*	*wolden*	*dōn*	*dyden*	*gān*	*ēoden*
【命令法】						
2単	—	—	*dō*	—	*gā*	—
2複	—	—	*dōþ*	—	*gāþ*	—
分詞	*willende*	—	*dōnde*	*gedōn*	—	*gegān*

gān は過去分詞以外の過去形に別の語が充てられているが，この「別の語」に相当する現在形の記録は存在しない。消滅したゲルマン語の動詞の語幹に *-de* を付けたものと思われる。*gān* の過去形に充てられた *ēode* の系列はやがて **went** に駆逐される。went は現代英語の古語 wend（進む）の過去形 wended の異形態として 1200 年頃に出現し，1500 年頃に **go** の過去形として定着する。

dōn について補足すると，古英語の *dōn* は主に他動詞として「〜させる」という使役の意味を表した。「〜する」という意味の自動詞用法と，反復を避けるための代動詞用法もあったが，それらは稀だった。次は他動詞用法の例である。

Doþ þæt þæt folc sitte.
(do that that folk sit)
現代英語：Make the people sit.（あの人々を座らせよ。）

この例文で，*doþ* は不規則動詞 *dōn* の命令法 2 人称複数，1 つめの *þæt* は従位接続詞，2 つめの *þæt* は指示代名詞の中性単数対格，*folc* は中性名詞単数対格，*sitte* は強変化動詞 *sittan* の仮定法単数現在形である（法については後述する）。

次に，不規則動詞の (2) は preterite-present verb（過去現在動詞）と呼ばれる特殊な動詞群である。これらは古英語以前のゲルマン語において当該動詞の過去形だったものを古英語が現在形として使ったという歴史を持つ。ゲルマン語だった時は語幹の母音を変化させて過去形を作る強変化動詞だったが，その過去形が古英語で現在形として使われるようになった時，新たに今度は語末に [d], [t], [ð] など歯茎音を付ける弱変化型の過去形が発達した。過去現在動詞のうちの幾つかと (1) の *willan* は中英語期に法助動詞へと発達する。

(2) の例のうち *āgan* は owe（負う）と ought に分かれて発達する。形容詞と動詞の own（〜自身の，所有する）も同語源である。ought の方は *āgan* の過去形 *āhte/ōhte* からの発達である。ought to としては 14 世紀末に使われ始め，16 世紀以降に定着する。

cunnan は，古英語で直説法 1，3 人称の単数現在形（これ以降「直 1 単現」）が *can*，過去形が *cūþe* だったものが現在の can と could になっている。古英語期には精神的な能力を表し，*magan* の肉体的な力や支配力と対比していたが，*magan* が許可の意味にシフトしてからは広い意味での能力を表すようになる。

magan は直 1 単現の *mæg* とその過去形 *meahte* が現在の may と might になった。「～する力がある」という意味から現在の「～してもよい」という許可の意味に変わるのは 15 世紀末のことである。ただし，許可の意味は古英語期から存在したとする説もある。

sculan については，*sculan* という不定詞が実在したか疑わしいとされるが，直 1 単現の *sceal* という活用形は確かに存在し，それが現在の shall になった。そして直 1 単過 *sceolde* が現在の should になっている。

witan は，法助動詞に発達することはなかったが，今も古語 wit として現存している。

mōtan は，その直 1 単過 *mōste* が現在の must になった。つまりゲルマン語の単語の過去形だった *mōtan* を古英語が現在形として引き継ぎ，新たに *mōste* という過去形を作った。それを中英語が *most* という現在形として引き継いだ。must は二重の意味で過去現在動詞だったのだ。現代英語の法助動詞のうちで must と先述の ought to が過去形を持たないのはこのためだ。また，元来「～してもよい」という意味だった *mōtan* が「～しなければならない」という意味に変わった経緯は不明だが，否定形にした時に may not と must not がどちらも「～してはいけない」という意味になることから，否定形と対比させるため一方の肯定形に「～しなければならない」という意味が生じたと推測できる。なお *mōtan* の「～してもよい」という意味の方は，現在も mote という古語の中で存続している。

話を先取りすると，法助動詞は，①分詞形を持たない，②不定詞にならない，③ 3 単現の活用をしない，④原形不定詞を後続させる，⑤ yes-no 疑問文や否定文で迂言的 do を用いない，⑥名詞化しない，という独特の特徴を備えている。①については古英語期に過去現在動詞だった時から変則的で，現在分詞形と過去分詞形を備えていた *āgan* と *witan*，現在分詞形だけ持っ

ていた *magan*，過去分詞形だけの *cunnan*，どちらも持たない *sculan* と *mōtan*，と様々だった。もともと動詞だった *willan* も現在分詞はあったが過去分詞は無かった（☞ 表 17）。また③については，3 単現の -s が定着するのは 17 世紀前半のことであり，法助動詞はそれに先立つ 15 世紀末に動詞とは異なる範疇として確立している。法助動詞は主語について述べるのではない，したがって主語と一致する必要のない範疇として発達したのである（☞ 第 7 章）。

さて，ここまでに見た活用表が示すように，古英語にも現在分詞と過去分詞があった。動名詞は無かった。[17] そして活用表には現れないが不定詞もあった。ここからは，このことを念頭に置いて，古英語がどのように時制，相，態，法を表すのか見ていく。

古英語の**時制**は現在時制と過去時制の 2 つだった。現在時制は現在の時間と未来の時間を表した。時制の縛りは現代に比べて緩く，主節の動詞が過去形，従位節の動詞は現在形などということもあった。文脈から分かればよかった。たとえば be 動詞では未来を表すには *bēon* の方がよく用いられたため，be 動詞を目安にして現在か未来かを判断することがよくあった。

古英語末期には「*sculan*＋原形不定詞」「*willan*＋原形不定詞」の構文が発達し，*sculan* の「義務」，*willan* の「願望」という本来の意味を上乗せしながら未来の時間を表すようになりつつあった。時制としては現在時制に属する。

Hīe willaþ ēow gāras syllan.
(they will you spears give)
現代英語：They are about to (and want to) give you spears.
（彼らは君たちに槍を自ら望んで与えようとしている。）

もう 1 つの時制である過去時制は過去の時間と過去完了の時間を表した。こちらも，過去と過去完了の関係は動詞の形態よりも *siþþan* (when/after)

---

[17] 動名詞は中英語末期に誕生する。

や *ǣr* (before) といった接続詞から分かることが多かった。

古英語の**相**は，完了相と継続相の 2 つだった。**完了相**は出来事の完了を表し，継続相は出来事の継続的あるいは習慣的な性質を表した。この継続相が「進行相」と呼ばれるに相応しい性質を獲得するのは 17 世紀後半のことである。

まず，完了相は「*habban*＋他動詞の過去分詞」または「*wesan/bēon*＋自動詞の過去分詞」で表した。これらは複合時制と呼ばれた。

Siþþan ic hīe þā geliornod hæfde, ic hīe on Englisc āwende.
(when I them then studied had I them in English translated)
現代英語：When I had studied them, I translated them into English.
(私はそれらを調べ終えてから英語に翻訳した。)

この文では過去分詞 *geliornod* が無変化なので，形容詞用法ではなく完了相であると判断できる。この複合時制は次のような構文から発達した。現代で言うところの SVOC 構文である。

Hīe hæfdon hine gebundenne.
(they had him bound)
現代英語：They had him bound. (彼らは彼を縛った。)

この文では過去分詞 *gebundenne* が目的語 *hine* と一致して男性単数対格の屈折を示している。この構文の場合，屈折は形容詞の不定変化型に従う。語順を変えて *Hīe hine gebundenne hæfdon* とも言える。このように語順が流動的だったこともあって，完了相と SVOC は見分けにくい状態が続いた。やがて別々の用法へと分化していくが，確立するのは中英語期になる。

現代英語と違って，古英語の現在完了相は過去の時間を表した。過去時制の一種とされていたのだ。同じ内容が単純な過去形で言えたし，完了のニュアンスは動詞自体の意味や副詞で伝えることができたため，現在完了相の存在感は薄かった。過去完了相の方は，過去に先立つ過去完了 (大過去) の時間を表した。

継続相は「*wesan/bēon*＋現在分詞」で表した。しかし継続相も大した存在意義を持たなかった。継続相の意味とされる出来事の継続的あるいは習慣的な性質は，動詞自体の意味から伝わることであり，単純な現在形あるいは過去形で十分に表すことができた。

Þēos woruld nēalǣcþ þām ende.
(this world approach the/that end)
現代英語：This world is approaching the end.
(この世界は終焉に近づいている。)

次の聖書からの例文は，話の流れから文脈が十分に整った状況で継続相の雰囲気を出そうとしたものであるが，単純相でも同じ効果を得ることができただろう。

Daniēl wæs sittende gesundfull onmiddan þǣm lēom.
(Daniel was sitting sound amid the/those lions)
現代英語：Daniel was sitting safe and sound in the midst of the lions.
(ダニエルはライオンの群れの真ん中で恙無く座っていた。)

実際の使用例から判断すると，継続相は「〜している」という継続の意味よりも「〜するところだ」という起動の意味を表すことの方が多かった。もう1つの習慣の意味でも，継続相よりも *willan* の過去形 *wolde* を使った「*wolde*＋原形不定詞」の方が高い頻度で用いられた。こちらは現代英語 would の不規則な習慣の用法に通じる。

分詞はむしろ**付帯状況**を表す時に効果を発揮した。先に名詞与格の件で現在分詞が独立分詞構文に使われる例を見たが，そこでは現在分詞が動作主体の性に合わせて形容詞の不定変化型の与格の屈折をした。それとは違って普通の分詞構文では，現在分詞も過去分詞も屈折せず，基本形が用いられた。

Dā cōm Grendel flēogende.
(then came Grendel flying)
現代英語：Then came Grendel flying. (するとグレンデルが飛んできた。)

Singende þus, hē fērde tō þǣre stōwe.
(singing thus, he travelled to the/that place)
現代英語：Singing thus, he travelled to that place.
(こんなふうに歌いながら彼はその場所まで行った。)

Gedrēfed on his mōde, hē gebæd hine.
(troubled in his mood/heart he bade himself)
現代英語：Troubled in his mind, he prayed.
(彼は不安に駆られて祈った。)

この第 3 文で，*gebæd hine*（祈った）の *hine* は再帰用法の対格代名詞である。古英語には現代英語の himself にあたる**再帰代名詞**が無く，単純な代名詞で再帰を表した。人称代名詞に名詞 self を後続させて *wē selfe*，*ūs selfe*，*ūs selfum* などと言うことはあったが，これは再帰ではなく強調の用法だった。次の例では *wē* と *selfe* が大きく隔たっている。

Wē hit … ne selfe ne lufodon.
(we it not self not loved)
現代英語：We ourselves did not love it.
(我々としては気に入らなかった。)

次に，古英語の**態**には能動態と受動態があったが，動詞自体は 1 語の例外を除いて能動態の活用形のみを持っていた。その 1 語とは *hātan*（命じる，〜させる）で，*hātan* には能動態で強変化型の *hēt* という過去形と，受動態で弱変化型の *hātte* という 2 つの過去形があった。*hēt* は他の過去形と同じ振舞いをした。*hātte* の方は過去形と言いながらも現在と過去のどちらにも使うことができた。

Sēo ēa hātte Temese.
(the/that river is/was commanded Thames)
現代英語：The river is/was called Thames.
(その川はテムズ川と呼ばれる/た。)

hātan を除くすべての動詞は「*wesan*/*bēon* (be) ＋過去分詞」または「*weorþan* (become) ＋過去分詞」のいずれかで受動態の意味を表した。どちらかと言えば *wesan*/*bēon* は継続的な事柄を表すのに使い，*weorþan* は完了的な事柄に用いられたが，書き手の好みで選ぶことも多かった。先の文を「*wesan* ＋過去分詞」で書き換えるとこうなる。

Sēo ēa is genemned Temese.
(the/that river is named Thames)

次は *weorþan* (become) を使った例である。

Þæt hūs wearþ þā forburnen.
(the/that house became then burnt up)
現代英語：The house was then burnt down.
(その家はその時に焼け落ちた。)

この文で *forburnen* の *for-* は「すっかり」「完全に」という意味を付け加える接頭辞である。現代英語では up がその意味を表すが，この文の場合，現代では通常，下向きの動きを強調して down と言う。[18]

「不定代名詞 *man*＋能動態の動詞」や能動態の *tō* 不定詞が受動を表すこともあった。

Ēadwerd man forrǣdde and syþþan ācwealde.
(Edward anyone betrayed and then killed)
現代英語：Edward was betrayed and then killed.
(エドワードは裏切られ殺された。)

Þās þing sind tō dōnne.
(these things are to do)
現代英語：These things are to be done.
(これらのことが行われなければならない。)

---

[18] 通常，建物は burn down，紙は burn up，蝋燭やマッチは burn out する。

ここで**不定詞**に話を移すと，**古英語では *tō* の付く不定詞は屈折した。**この *dōnne* がその例である。屈折語尾は一律に *-ne* だった。単数与格名詞の一般型での屈折語尾がすべての性で *-e* であるため，*tō* 不定詞は「前置詞 *tō*＋与格名詞」の趣を呈した。しかし *dōnne* は名詞ではない。この用法の *tō* は近代英語期に前置詞から分立して「不定詞の前の to」という独特の文法語とみなされるようになる。

***tō* 不定詞**は現代英語と同じように，①副詞的に目的や理由を表す，② *geornful tō hīeranne*（eager to hear）など形容詞の補語になる，③名詞的に用いる，④形容詞的に用いるなど多様な用法を持っていた。次は④の例で，慣習的に「～しなければならない」という意味に解釈された。

Nū is tīma ūs of slǣpe tō ārīsenne.
(now is time us off sleep to arise)
現代英語：Now it is time for us to arise from sleep.（もう起きる時間だ。）

tō の付かない**原形不定詞**は次のように用いられた。

① *Hwæt sceal ic singan?*（What shall I sing?）などとして *sculan*（shall），*willan*（will），*magan*（may），*cunnan*（can），*mōtan*（must），*onginnan*（begin ～し始める）などの動詞に後続した。これらの動詞の多くは法助動詞へと発達する。
② *hātan*（…に～することを命じる）に後続した。*hātan* 以外の使役動詞では *dō hit ūs tō witanne*（make us know it）などとして *tō* が付いた。
③ (*ge*)*hīeran*[19]（hear …が～するのが聞こえる），(*ge*)*sēon*（see …が～するのが見える）など知覚動詞の目的語補語として *geseah blācne lēoman scīnan*（saw a bright light shine）などで原形不定詞が用いられた。目的語補語には稀に現在分詞が用いられることもあった。この③は現代の SVOC の**知覚構文**に相当する用法である。

---

[19] *hīeran* に接頭辞 ge- が付いても意味は変わらない。次の *sēon* も同様。

さて，古英語の**法**には直説法，仮定法，命令法があった。この点では現代英語と同じだが，用法が違っていた。特に仮定法を動詞の活用形で表していたこと，命令法に複数形の活用があったことなどは古英語に独特だった。

古英語の**直説法**は客観的な現実の事柄を表した。**仮定法**は願望，仮定，予想，未来など真偽の定かでない主観的な現実を表した。仮定法の部分を太字にして例を示す。

*God ūre **helpe**.*
（God us help ）
現代英語：May God help us.（神のご加護がありますように。）

*Gif þū hine **forstande**, wē fordīlgiaþ þē and þīnne hired.*
（if you him protect we destroy you and your family）
現代英語：If you protect him, we'll destroy you and your family.
（お前が奴を守るなら我らはお前とお前の家族を抹殺する。）

注釈をすると，第 1 文の *God* は男性名詞単数主格，*ūre* は 1 人称代名詞複数属格で自動詞 *helpan* の属格目的語である。*helpe* は強変化自動詞 *helpan* の仮定法単数現在である。第 2 文の *þū* は 2 人称代名詞単数主格，*hine* は 3 人称代名詞男性単数対格，*forstande* は強変化他動詞 *forstandan* の仮定法単数現在，*þē* は 2 人称代名詞単数対格である。*þīnne* は 2 人称代名詞単数属格 *þīn* に形容詞の不定変化型の屈折を適用して，被修飾語である男性名詞 *hired* が対格であることに合わせて対格 *þīnne* にしたものである（☞ 表 6, 11, 15）。

命令法は 2 人称にのみ存在した。稀に 1 人称複数の命令形として当該動詞の基本形 *-an*, *-on* が使われることもあったが，それよりも「*uton*（let us）＋原形不定詞」の方がよく用いられた。

Uton dōn swā ūs nēod is.
（let us do as us need is ）
現代英語：Let us do as is necessary for us.（必要に応じて措置しよう。）

3 人称には命令法が適用されず，仮定法で強い願望や警告を表した。

以上，動詞について見た。現代の観点からは特に次の事実が注目に値する。

・古英語に現在分詞，過去分詞，不定詞が存在した。動名詞は無かった。
・will 以外の法助動詞の前身は過去現在動詞だった。must には独特の経緯があった。
・「*sculan/willan*＋原形不定詞」で未来を表すようになった。
・完了相と継続相が形式の上では存在したが，機能は未発達だった。
・「S＋*habban*＋O＋過去分詞の屈折形」の SVOC 文から完了相が発達した。
・古英語には過去の不規則な習慣を表す would の用法があった。
・付帯状況を表す分詞構文が存在し，現在分詞や過去分詞が基本形で用いられた。
・*tō* 不定詞は屈折した。用法は現代と同様，目的，理由など多岐に渡った。
・現代英語の知覚構文に相当する SVOC 文が存在した。

前置詞

古英語では名詞の格変化と接頭辞の働きを補う形で様々な前置詞が時空的な関係を表現した。現代英語の知識から意味を予想できるものが多いが，異なる場合もある。

前置詞は，それ自体は不変化で，後続する名詞の格を支配した。つまり前置詞に応じて形容詞や名詞が格変化した。与格支配の前置詞が多いが，移動には対格，状態には与格と使い分けるものもあった。稀に属格を支配するものもあった。特に *tō* は時間を表す時は属格を支配した。次の一覧では，*tō* は時間表現とその他で属格と与格に分け，*for* と *on* も意味によって分けて記載した。

与格支配： *æfter* (after), *ǣr* (before), *æt* (at), *bī/be* (beside), *betwēonan* (between), *binnan* (inside, within), *būton* (without), *for* (before), *fram* (from, by), *mid* (with), *of* (off, from), *on* (in, on), *onmiddan* (in the midst of), *tō* (to, for), …

対格支配： *for* (as, in place of), *fore* (before), *geond* (throughout), *in* (into), *on* (into, against), *þurh* (through, by), *ymbe* (around), …

与格/対格支配： *ofer* (over, beyond), *ongēan* (towards, against), *under* (under), *wiþ* (opposite, against, with), …

属格支配： *andlang* (along), *tō* (until, ［時間の］ at), *wiþ* (towards)

古英語の前置詞の特徴としては，①移動と状態を格の違いで表そうとする，② of の意味が現代と異なる，③ *tō* が現代の to と for の両方の意味に用いられて曖昧である，④空間と時間に同じ前置詞を使用する，⑤ on が多義である，等々が見られる。

ここまでの総復習を兼ねて『アングロ・サクソン年代記』から少し長い文章を見てみよう。なお文章中の句読点は現代の編集者によって施されたものである。

Anno 449. Hēr Martiānus and Valentīnus onfēngon rice, and
(age here received kingdom

rīcsodon seofon winter. And on hiera dagum Hengest and Horsa,
ruled seven winter in their days

fram Wyrtgeorne gelaþode, Bretta cyninge ［与格］, *gesōhton Bretene*
from invited Britons king seeked Britain

on þǣm stede þe is genemned Ypwines-flēot, ǣrest Brettum tō
in that place which is named Ebbsfleet first Britain to

fultume ［名詞］, *ac hīe eft on hīe fuhton. Se cyning*
help but they afterwards against them fought the / that king

hēt hīe feohtan ongēan Peohtas; and hīe swā dydon, and
commanded them fight against Piets they so did

sīge hæfdon swā hwǣr swā hīe cōmon. Hīe þā sendon tō
victory had as where they came they then sent to

Angle, and hēton him sendan māran fultum. Þā sendon hīe
Angeln commanded them send more help then sent they

him māran fultum. Þā cōmon þā menn of þrim mǣgþum
them more help then came those men from three tribes

Germānie: of Ealdseaxum, of Englum, of Iotum.
of Germany from Old Saxons from Angles from Jutes ）

現代英語：Year 449. Here M and V acceded to the throne, and ruled seven years. And in their days H and H, invited by W, king of the Britons, came to Britain at the place which is called E, first as a help to Britons, but they afterwards fought against them. The king commanded them to fight against the Piets; and they did so, and had victory wherever they came. Then they sent to A, and told them to send more help. They then sent to them more help. Then the men came from three tribes in Germany: from the Old Saxons, from the Angles, from the Jutes.

（449 年。当地［ローマ］ではマルキアヌスとヴァレンティニアヌスが皇位に就き，7 年統治した。[20] 彼らの統治時にヘンギストとホル

[20] 西ローマのヴァレンティニアヌス三世（在位 424–55），東ローマのマルキアヌス（在位 450–57）。

> サがブリトン人の王ヴォルティゲルンに招かれてブリテンのエブズフリートと呼ばれる場所に来た。初めはブリトン人の援助のためだったが，後にブリトン人を攻撃した。王は彼らにピクト人を退治せよと命じた。彼らはその通りにし，行く先々で勝利を収めた。それからアンゲルン半島に使いを出して援軍をもっと送れと要請した。彼らは援軍を送ってきた。ドイツから3つの部族の人々がやってきた。サクソン人，アングル人，ジュート人だ。）

この文章は出来事の前後関係が分かりにくい。時間表現が曖昧だからだ。たとえば1行めの *rīcsodon seofon winter* (ruled seven years) が **woldon rīcsian seofon winter* (would rule seven years 7年間統治することになるのだった) なら，449年の出来事が彼らの統治期間中に起きたという時間の関係が言語情報として伝わっただろう。だが当時，*willan* にそのような用法は無かった。[21] また，4行めの *Se cyning hēt hīe* (The king commanded them) が単純な過去形でなく過去完了形で「王は…命じていたのだった」なら，戦わせるために呼び寄せていたという時系列がよく見えたことだろう。古英語の時間表現は舌足らずの観をぬぐえない。この点は現代英語との大きな違いである。

前置詞はと言えば，意味領域の重複が目立つ。*on* は現代英語の in の意味で2回，on または against の意味で1回用いられている。against の意味の方は *on*, *ongēan*, それと，この文章には出ない *wiþ* でも表すことができる。次に *fram* は，この文脈では今なら by と言うところだが，当時は *fram* が from と by を兼ねていた。*tō* は for の意味で1回，to の意味で1回出ている。当時なりに整合していたのだろうか。*of* は当時「〜から離れて」という意味を表した。この意味は現代では off という形で残っている。*of* は早くも9世紀のうちから属格の意味を表す用法が出来始めており，その後も多義化の道を進むことになる。

この文章ではすべての前置詞が名詞句の前に置かれているが，古英語では

---

[21] **woldon rīcsian* のアスタリスクはこの表現が実在しなかったことを示す。

前置詞が代名詞を支配する場合は代名詞の後に来ることもよくあった。たとえば *þus cweþende him* ***tō*** (saying thus to him 彼にこう言いながら), *him* ***betwēonan*** (between them 彼らの間で) という具合だ。後置によって前置詞が動詞の前に位置することになる場合には特に頻繁に後置が起きた。*him cēnlīce* ***wiþ*** *feaht* (fought stoutly against them 頑強に彼らと戦った) では *wiþ him* の語順が入れ替わり副詞 *cēnlīce* で距離が出来て，*wiþ* はむしろ動詞 *feaht* との結びつきが強い印象になる。さらに極端な例に *Him māra fultum* ***tō*** *cōm* (More help came to him/them) などがある。稀ではあるが *Oswold him cōm* ***tō*** (Oswold came to him/them) などとして前置詞が動詞の後に来ることもあった。

古英語の前置詞の特徴をまとめるとこうなる。

・前置詞自体は不変化で，後続の形容詞や名詞の格を決定した。
・1つの前置詞で複数の異なる意味を表すことが多い。
・幾つかの前置詞の意味領域が重複する。
・前置詞の位置は名詞の前とは限らなかった。

文の構造

ここまでは個々の品詞を中心に述べた。ここからは，それらの語がどのようにして**単文**を構成するか，次には重文や複文がどのような構造を持っているか見ていく。

古英語では格標示が徹底していたため文中の語順は比較的に自由だったが，SV … つまり主語が文頭でその後に動詞，その後に目的語など他の要素が続くという語順が最も一般的だった。しかし否定の副詞 *ne* (not)，時間の副詞 *þā* (then)，存在の副詞 *þǣr* (there) が文頭に来ると主語と動詞の順序が入れ替わる**倒置**が起きた。また，文脈の中で結束性を高めるために副詞や形容詞を文頭に置いた時も倒置が起きた。

疑問文では古英語に助動詞用法の do が無いため *Hwæt sægest þū?* (What

do you say?）などとして倒置が起きた。助動詞用法の do（迂言的 do）は 16 世紀以降に発達する（☞ 第 6 章）。

否定文では**多重否定**[22] が普通のこととして認められた。次の例では *ne* と *nōht* で二重に否定が行われている。ちなみに *nōht* は現代英語 not の前身である。

Ne *þurfon gē nōht besorgian.*
（not need you naught worry ）
現代英語：You need not worry.（君たちは心配しなくていい。）

古英語には現代の SVO，SV，SVC にあたる文が存在したが文型の概念は弱く，語順も確立していなかった。与格名詞と対格名詞を用いた SVOO 文も存在し，SVOC の語順を示す *Hīe hæfdon hine gebundenne*（They had him bound）［S＋habban＋O＋過去分詞］や *Hē seah blācne lēoman scīnan*（He saw a bright light shine）などの文もあったが，文型としては認識されていなかった。しかし，そこには現代英語の文型の原形が確かに存在していた。

古英語には**非人称構文**があった。非人称構文とは，天候を表す *snīwan*（snow），*rīnan*（rain），*sweorcan*（暗くなる），感覚や感情を表す *acan*（ache），*calan*（feel cold），*eglian*（ail），*hyngrian*（be hungry），*līcian*（like），*þyrstan*（be thirsty），*hrēowan*（rue），認識を表す *þyncan*（思える，〜に見える），出来事を表す *gelimpan*（起きる）などの動詞が用いられる文において，主格の主語が欠如し意味上の主語が与格や対格になるか，あるいは名詞表現が 1 つも現れない場合を総称的に指す。このうち天候の動詞はすでに古英語期から *hit*（it）を主語とすることが増えた。それ以外では非人称構文に現れる動詞が他動詞なのか自動詞なのかも判然としない状態が近代英語期まで続いた。

eglian（ail）や *līcian*（like）は人称構文でも用いられた。人称構文では主格の主語が登場し，動詞は主語に一致した。*eglian* は古英語では他動詞だった。*līcian* は与格目的語を要求し「X［主格］が Y［与格］にとって好ましい」という意味を表す自動詞だった。

[22] 否定辞が 2 つ以上ある場合を指し，二重否定を含む。

非人称構文に話を戻すと，非人称構文には次の特徴があった。

・動詞は 3 人称単数形である。
・主格名詞が存在しない。
・名詞表現が存在する場合，1 つめは与格名詞または対格名詞である。
・2 つめの名詞表現は属格名詞，または前置詞句または *þæt* 節などである。

例を見てみよう。次の第 1 文は先に与格名詞の件で挙げた例文の再掲である。

Him［与格］*wæs lāþ.*
(him was loathful)
現代英語：It was disagreeable to him.（彼は不快な思いがした。）

Hine［対格］*nānes*［属格］*þinges*［属格］*ne lyste.*
(Him no thing not lusted)
現代英語：(It) desired him of nothing / He desired nothing.
（彼は何も望まなかった。）

Þā wurdon hīe［対格］*drēorige.*
(then became them dreary)
現代英語：Then (it) saddened them / Then they became sad.
（それで彼らは悲しい気持ちになった。）

非人称構文は中英語期にもよく用いられるが，近代英語期に**人称化**が起きて消滅し，現在では慣用表現の methinks と methought を残すのみである。

ここまで単文の構造を見た。次に**重文**を見ると，古英語では現代英語よりはるかに頻繁に重文が用いられていた。先の『年代記』も等位接続詞 *and* を多用して節を繋いでいた。重文は等位接続詞 *and* や *ac* (but) を用いて作った。また，単に節を並べる**並列**もよく用いられた。重文と並列では副詞を手掛かりにして因果関係を知ることがよくあった。

複文は主節と従位節で成り立つ。主節の語順は先に述べた単文の場合と同様である。従位節では「S … V」つまり動詞が最後にくる語順が一般的だった。

重文か複文かの別を問わず，古英語では第2節の主語代名詞がよく省略された。これは現代英語で There remained a few workers, and (it) was half-built や Even though you were poor, (you) gave me … の（　）内の代名詞を省略するようなものである。また目的語も They set a golden banner high above his head, let the sea carry (him), released (him) unto the ocean という具合に省略した。

複文に用いる従位接続詞には次のようなものがあった。

単独/一連のもの： *æfter* (after)，*ǣr* (before)，*for þǣm þe* (because)，*gif* (if)，*oþ* (until)，*siþþan* (since)，*þæt* (that)，*þēah* (though)，*þonne* (than)，*þȳ lǣs þe* (unless)

ペアになったもの： *forþon … forþon* (because … therefore)，*nū … nū* (now that … now)，*swā … swā* (as … so)，*þā … þā* (when … then)，*þȳ … þȳ* (the -er, the -er)

現代の研究者にとって悩ましいのは，従位接続詞に副詞と同形のものが多いことだ。たとえば *ǣr* は接続詞 before でもあり副詞 before でもある。接続詞なら，従位節の動詞が文末に来る。しかし副詞が文頭に立つ時も動詞は文末に来る。このため当該の文が接続詞を用いた複文なのか副詞を用いた単文の並列なのか判断できない。どの種類の文が多用されるかによって古英語の成熟度の評価が違ってくる。他にも，*siþþan* は since と afterward で曖昧であり，*swā* は as と so, *þā* は when と then, *þēah* は though と nevertheless で曖昧だった。反復がある場合は，通常，1つめを接続詞，2つめを副詞と解釈している。

次は複文の例である。第3文は先に与格名詞の件で挙げた例文の再掲である。

For þǣm þe *hē wīs wer wæs, hē weorþode þone Ælmihtigan Hlāford.*
(because he wise man was he honored the/that almighty lord)
現代英語：Because he was a wise man, he honored the almighty lord.
(彼は賢い男だったので絶大な力を持つ主君を敬った。)

Þā *hēo þone wer geseah,* ***þā*** *lufode hēo hine.*
(when she the/that man saw then loved she him)
現代英語：When she saw the man, she loved him.
(彼女はその男に一目惚れした。)

Hige sceal ***þȳ*** *heardra,* ***þȳ*** *ūre mægen lȳtlaþ.*
(mind shall the harder the our might lessens)
現代英語：The more our strength lessens, the sterner the mind must be.
(体力が落ちれば落ちるほど精神力が強くなければならない。)

最後に**関係節**を見る。古英語には関係代名詞の働きをする特別な語があった。不変化の関係詞 *þe* である。*þe* は「指示代名詞の屈折形＋*þe*」や「*þe*＋人称代名詞の屈折形」という重複的な形で用いられることが多く，単独で現れるのは稀だった。

Eart þū se Bēowulf, ***sē þe*** *wiþ Brecan wunne?*
(are you the/that Beowulf that who/which with Breca competed)
現代英語：Are you the Beowulf who competed with Breca?
(あなたがブレカと戦ったベオウルフですか？)

この例では「指示代名詞の屈折形 *sē*＋*þe*」が用いられている。ちなみに文中の 1 つめの *se* は限定詞用法である。2 つめの *sē* は代名詞用法のため *e* が長音化している。

関係詞と代名詞が重複するだけでなく，先行詞が反復することもよくあった。

Ure ieldran, þā þe þās stōwa þǣr hēoldon, hīe lufodon
(our ancestors those who/which these places there held they loved
wisdom.
wisdom)

現代英語：Our forefathers, who formerly held these places, loved wisdom.
(我々の先祖は以前この場所に暮らし思慮分別を愛した。)

この原文を字義通りに訳すと Our fathers, those who held these places there, they loved wisdom になり，現代の感覚では下線部が不要である。

以上，文の構造について見た。現代の観点からは特に次の事実が注目に値する。

- 助動詞用法の do が無いため yes-no 疑問文などで主語と動詞を倒置した。
- 感覚や感情を表す動詞が非人称構文で用いられた。
- 主語や目的語の代名詞が省略されることがあった。
- 接続詞の省略や反復があった。
- 接続詞と副詞が同形である場合が多く，文の種類が判然としないことが多かった。
- 不変化の関係詞が代名詞と重複して用いられた。
- 関係代名詞の先行詞を反復することがあった。

本来語と借用語

古英語には異なる品詞間の**同族語**が多くあった。名詞と動詞では特に多く，形容詞と動詞にも多くの同族語があった。だが現代のように全く同形ではなかった。例を挙げる。

名詞―動詞：　*andswaru* (answer)—*andswarian* (answer)
bite (bite)—*bītan* (bite)
blōd (blood)—*blēdan* (bleed)
bōt (治療)—*bētan* (make better 治す)
cuma (来客)—*cuman* (come)
cyme (到着)—*cuman* (come)
cyre (選択)—*cēosan* (choose)
lufu (love)—*lufian* (love)
weorc (work)—*wyrcan* (work)
wita (賢人)—*witan* (知る)

形容詞―動詞：　*full* (full)—*fyllan* (fill)
scearp (sharp)—*scyrpan* (sharpen)
beorht (bright)—*beorhtian* (brighten 輝く)
gōd (good)—*gōdian* (become good)
open (open)—*openian* (open)
yfel (evil)—*yflian* (do evil on)

2つのリストの中に *bōt* (治療)—*bētan* (make better 治す) と *gōd* (good)—*gōdian* (become good) があることから，現代の good-better-best の謎が解ける。*bōt* と *gōdian* が廃れ，相棒を失った意味の近いもの同士が結びついた結果，現在の good-better という組み合わせに至ったのだ。これは go-went と同じく**補充**と呼ばれる現象である。

続いて**語形成**について見る。語形成の方法は2つあった。1つは既成の語を組み合わせて**複合語**を作ることだ。たとえばこうなる。

bōc (book) ＋*cræft* (craft) ⇒ *bōccræft* (文献)
Engle (アングル人たち) ＋*land* (land) ⇒ *Englaland* (England)
cild (child) ＋*hād* (-hood; 状態) ⇒ *cildhād* (childhood)

語形成のもう1つの方法は**接頭辞**や**接尾辞**を足して**合成語**を作る方法で，こちらは意味を足す他に，特に接尾辞は品詞を変えることができた。ごく頻繁に使われるものだけでも 70 以上の**接辞**があり，古英語の語彙を支えていた。例を挙げる。

ge-[23]（完了）：

ge-＋*fēran*（行く）⇒ *gefēran*（着く）

ge-＋*winnan*（戦う）⇒ *gewinnan*（win 勝つ）

for-（徹底）：

forbærnan（burn up 燃え尽きる），*forheard*（very hard），

forniman（運び去る），*formanig*（very many），*foroft*（very often）

on-（起動）：

onbryrdan（鼓舞する），*onlȳhtan*（enlighten），

onspringan（spring forth），*onwæcnan*（awake）

-ig（名詞⇒形容詞）：

blōdig（bloddy），*cræftig*（力強い），*grǣdig*（greedy）

-end（動詞⇒動作主を表す男性名詞）：

eardiend（住人），*hæbbend*（所有者），*rǣdend*（ruler），*wīgend*（戦士）

-ing（形容詞や名詞⇒男性具象名詞）：

æþeling（王子），*cyning*（king），*Lēving*（son of Levi），*wīcing*（海賊）

-ung，*-ing*（行為の動詞⇒女性抽象名詞）：

bodung（説教），*wilnung*（欲望），*hēofung*（悲哀），*rǣding*（教訓）

このうち最後の *-ung*/*-ing* は，古英語期には弱変化動詞のみに付いたが，14 ～ 15 世紀初頭に *-ing* としてすべての動詞に付くようになる。これが**動名詞**の由来である。動名詞は動詞的な性質を持つ名詞という，英語に独特の範疇であり，1340 年に文献に初出する。

語形成の他に語彙を増やす方法として**借用**がある。古英語の語彙は基本的にアングロ・サクソン語が占めていたが，借用語も有用だった。時系列で見て

---

[23] *hīeran*（hear），*sēon*（see）など，組み合わせる動詞によってはほとんど意味が変わらなかった。

いく。

まず，ゲルマン民族がブリテン島に移住する以前の話として，大陸でラテン語と接触して借用した語が約 175 現存している。この時期には，street, wall,（地名の）-chester と -caster, chalk, mile, pound, ounce, inch, chap（行商人）, butter, cheese, cup, dish, kitchen, pepper, plum, wine など，道路や町の建設，測量，交易，食料に関する借用語が多かった。

ブリテン島に移住した後に目を向けると，アングロ・サクソン人の古英語にケルト人のケルト語が深い影響を与えることはなかった。それでも Thames（テムズ川）, London（ロンドン）, Leeds（リーズ）, Avon（エイヴォン川）, Ouse（ウーズ川）, Devon（デボン）, Kent（ケント）, Cumbria（カンブリア）などはケルト語由来である。このうち Thames[24] はケルト語 *Tamesas*（暗い川）に由来する。London[25] については，ケルト語 *Llyndon*（湖畔の町）に由来するという説と，ケルト語 *Laindon*（長い丘）に由来するという説がある。ローマ人がロンドンを建設した時に *Londinium* と名づけたとする説もあるが，ケルト語の地名をローマ風に呼んだのかもしれない。地名以外では whisky, bog, slogan, brock（アナグマ）, corgi, gull, plaid（格子縞）, brat（外套）などがケルト語由来である。ケルト語由来の語は数えるほどしか残っていない。

その後，キリスト教化のためにローマ人がブリテン島に再来した時には，宗教関係のラテン語の借用が目立った。angel, bishop, church, devil, minster（教会堂）, monk, nun, pope, priest, school などはこの時期のラテン語からの借用に由来する。これらの借用語がどれも短いことは注目に値する。*ercebiscop*（archbishop 大司教）は受け入れられたが，これが最長で，通常は短い語が好まれた。短い語の方が，借用した後で接辞や屈折語尾を付け加えても長すぎず，古英語の語彙との釣り合いが良いからだ。たとえばラテン語 *crīsten*（キリスト教徒）に抽象名詞を作る古英語の接尾辞 *-dom* を加えて *crīstendōm*（christendom キリスト教，キリスト教の国）が形成されている。

---

[24] 現在の綴りでの OED 初出は 1649 年。

[25] 現在の綴りでの OED 初出は 1530 年だが，実際にはもっと早くから用いられていた。

大陸時代のものを含めて古英語期のラテン語からの借用語の数は研究者によって 250 とも 400 とも言われる。この数字は古英語の語彙の約 3 万とも 4 万とも言われる数に比べると僅少だ。古英語は基本語彙が豊富な上に，ゲルマン語らしく複合や合成の能力に長けていた。借用に頼らずとも自立できていたため「純粋な言語」と呼ばれることもある。

8 世紀にはデーン人の襲撃が始まる。その後 11 世紀まで深い接触が続き，デーン人の話す古ノルド語は古英語の語彙と文法に大きな影響を与えることになる。ラテン語からの借用が宗教関係など古英語に欠けていた概念や事物を表すため，つまり語彙のギャップを埋めるためだったのに対して，古ノルド語からは古英語にすでに存在し意味的に重複する語も多く借用された。それらは現在も類義語として使われている。

デーン人の話す古ノルド語は，古英語と同じくゲルマン語派に属しており，似通った語が多かった。たとえば skirt（スカート）と shirt（シャツ）は元来「短い衣類」を表す類義語だったが，意味上の棲み分けをして今に至っている。nay は肯定文の後でこれを否定する時に使い，no は否定文の後でこれを否定する時に使ったが，現在では nay は古語になっている。なお，現代の no は古英語では「*ne*（not）＋*ō*(always)」で，*nō* と言った。

表 18 は古ノルド語と古英語に由来する現代の類義語を例示したものである。

表 18：古ノルド語と古英語に由来する類義語の例（現代英語）

古ノルド語	古英語	古ノルド語	古英語
dike	ditch	raise	rise
hale 健全な	whole	scrub 低木	shrub
ill	sick	skill	craft
kirk	church	skin	hide
kist 収納箱	chest	skirt	shirt
nay	no	anger	wrath

この他に古ノルド語からの借用で特に注目すべきは，古英語の 3 人称代名詞複数形が近代英語期までに古ノルド語の **they**，**their**，**them** で置き換わっ

たことだ。古ノルド語の影響は常に北から南へ広がる。デーンロー地域だった北部は古ノルド語の影響を強く受けたからだ。南西部のウェセックスで標準的な古英語が話され書かれている間も，代名詞の変化は北から南へと進行し，中英語期のうちに they が定着する。他の 3 人称複数形も近代英語の初期までにすっかり置き換わる。もともと古英語の *hīe*, *hiera*, *him* は単数形と紛らわしかった上に，新たな they，their，them は古英語の指示代名詞で用いられる [ð] の音を持っていて馴染みやすかった。

デーンロー地域だった北東部には古ノルド語由来の地名が多い。たとえば -beck，-by，-fell，-garth，-gill，-keld，-thorp，-toft，-thwaite は古ノルド語に由来する地名の接尾辞である。一方，古英語由来の地名によく付いているのが -borough，-bridge，-burgh，-bury，-field ，-ford，-(ing) ham，-ing，-ley，-shire，-thorp などである。

表 19 は古ノルド語由来の語の例である。もはや本来の英語としか思えない。

表 19：古ノルド語からの借用語の例（現代英語）

動詞	call，cast，cut，die，drown，drug，gape，get，give，glitter，guess，hit，scare，scream，scrub，scowl，seem，smile，take，thrive，trust，want
形容詞	awkward，ill，dirty，flat，happy，like，loose，low，meek，odd，rugged，sly，ugly，wrong
代名詞	both，they，their，them，same
名詞	anger，bag，bank，birth，bond，dirt，egg，fellow，gate，gift，haven，husband，kettle，kid，knife，law，leg，lift，link，loan，race，root，rotten，skill，sky，steak，window，wing
接続詞	till，though

この中で動詞 die は古ノルド語由来だが，形容詞 dead と名詞 death は古英語由来である。古英語には「死ぬ」を表す *steorfan* と *sweltan* があったが，中英語初期に古ノルド語の *deya* が入るとすぐに置き換わって *deyen*（die）が出来た。その後 *sweltan* は廃れ，*steorfan* は意味を特化して今は starve

（飢える）になっている。このように古ノルド語の中でも古英語に音や意味の似ている語は定着しやすかった。たとえば古ノルド語 *vanta*（want）［動詞］の場合は古英語 *wan/wana*（want 欠乏，wanting 足りない）［名詞および形容詞］や *wanian*（減る）［動詞］があったし，古ノルド語の形容詞 *illr*（ill）は音も意味も古英語 *yfel*（evil）に似ていた。代名詞 *same* も，古英語に「同様に」という意味の *swa* と *same* があった。

名詞 gift（贈物）は，古英語 *giefu* の「男性から女性への結婚のための支払い，結納金」とその複数形の「結婚」という意味が中英語期を待たずに廃れ，古ノルド語由来の現在の意味に置き換わった。また，表 19 には含めなかったが，bread は，古英語 *brēad* が複数形で「パンのかけら」を意味し，*hlāf*（loaf）が「パンの塊」を意味していたところへ，古ノルド語の *brauþ*（bread）が広く「パン」の意味で浸透した。

接続詞 till（～まで）は，古英語 *till* の「固定された地点，持ち場」の意味が廃れ，1300 年以降は古ノルド語由来の現在の意味になった。though（～ではあるが）は，同じ意味の古英語 *þēah* があったが，中英語期に古ノルド語 *þōh* に駆逐されて現在に至る。

bread のように古英語と古ノルド語の両方に存在した語は多い。表 20 はその例である。

表 20：古英語と古ノルド語の両方にあった語の例（現代英語）

動詞	bring, can, come, hear, meet, ride, see, set, sit, smile, spin, stand, think, will
名詞	father, folk, house, life, man, mother, sorrow, summer, thing, wife, winter
他	better, best, full, mine, over, under, well, wise

借用語に話を戻すと，表 18 ～ 20 が例示する大量の古ノルド語からの借用語のうち，古英語の時代に借用された語はどれかを特定するのは難しい。操船，法律，日用品などは初期の借用かと思われるが，古英語の文献に出るのは 150 語ほどにすぎない。当時は北東部で書かれた文献自体が少なかった

からだ。しかし実際には，古ノルド語はデーンロー地域を発端にして広がり，人々の日常にあふれていたと推察できる。

ただし現在までに古英語の語彙の85%は消滅したと言われている。

以上，古英語期の語彙と借用について現状も含めて述べた。まとめるとこうなる。

・古英語では異品詞間の同族語が多かった。
・古英語の接尾辞 *-ung*，*-ing* から14～15世紀に動名詞が形成される。
・古ノルド語の影響は広く深かった。
・they，their，them と till，though は古ノルド語からの借用だった。

古英語はどんな言語だったのか

ここまで見てきて，古英語はくどい，という印象を持つ人は多いことだろう。筆者も同感である。古英語では性・数・格，形容詞と名詞の修飾関係，節と節の関係，関係代名詞と先行詞の関係などが重複的に標示される。ここから何を汲み取ればいいのか。古英語は何を表したい言語だったのか。そして，それは成功していただろうか。

重複から見えるのは，表すべきことは絶対に表したいという強い意志である。これは現代英語にも通じる特性である。その表すべき内容とは，第一に，名詞が表す個体の行動や他の個体との関係である。このような個体中心の世界観も現代英語と同じである。しかし，表すための方法，つまり文法が違っていた。

すべての言語は現実世界を表示するものであり，その意味で虚構であるが，古英語は虚構性が強かった。古英語の文法は，①すべての名詞に文法上の性を付与する，②多くの事柄を少数の格関係に振り分けようとする，③屈折の型が多い，という特徴を持っていた。現実を表示すること以上に，文法概念を表示することに労力を費やしていた観がある。

特に③については，名詞と動詞には語尾変化の型が幾つもあり，代名詞や形容詞にも複数の屈折型があって，古英語の屈折体系は複雑を極めた。当時は話者数も語彙も小さかったため，複雑な規則を周知徹底し維持することは可能だった。そして，少なくとも単文においては，主格名詞と対格名詞を使って主体と客体の関係をはっきり表現することができた。しかし，その他の諸々の関係性を表すためには与格名詞や前置詞が必要だった。与格と前置詞の仕事は多すぎて，用法が曖昧になった。

2つ以上の出来事を表すには単文を繋ぐ必要があったが，古英語では上手くできず並列が多く見られた。それでも繋ごうという意志は見える。別々の文に現れる同一の指示対象を見失うまいとして重複的に標示する姿勢も見える。

注目したいのは形容詞だ。形容詞は，指示対象が特定できるか否かによって屈折の型が違った。個体を特定することは言語の重要な仕事だった。形容詞にその仕事を当てたのが正解だったか疑問だが，やがて定冠詞が発達して任務を遂行することになる。特定性（厳密には確定性）は，表現の媒体を取り換えてでも表さなければならない事柄だった。

時間を表現することは不得手だった。虚構の言語世界では時間よりも空間の関係を捉えることが優先された。空間については，名詞の性・数・格だけですべての関係が把握できたらどんなに良かっただろう。しかし実際には前置詞まで使って雑多な関係を表す必要があった。同じように，時間を表すにも現在と過去の2時制では事足りず，複合時制が必要だった。これらの拡張的な手段を古英語は使いこなすことができていなかった。

現代の視点から古英語を見ると，このように不便さが目立つ。しかし古英語には，表そうとする強い意志があり，現代英語に通じる問題意識があった。意志性と問題意識において，古英語は確かに現代英語の前身だった。

第 3 章　百年戦争と英語の復権

英語の没落

1066 年にイングランドの王位に就いた後，ウィリアムは約 10 年かけてイングランド国内の反対勢力を抑え，反乱を鎮圧した。その上で国と教会のほとんどの要職をノルマン人に与え，広い地所も与えた。軍事力を示して支配を確立するために，各地に城を建て，多くの兵士をノルマンディーから呼び寄せて配置した。塔の建設も進め，1087 年に亡くなるまでに 500 もの塔を建てた。そのうちの 1 つがロンドン塔である。

ノルマン人貴族たちは家来や使用人の一群を引き連れてノルマンディーから赴任してきた。それを追ってノルマン人の商人や職人もやってきて，城の近辺に地元の住民と交易するための市場が発達した。たとえば，ノーフォーク州東部ノリッジにあるフランス村 (French Borough) は当時の市場が発展して今日に至ったものだ。

ウィリアムはイングランド国王であると同時にノルマンディー公国の君主であり，ノルマン人貴族たちもイングランドとフランスの両方に領地を所有した。当時はノルマン人がフランスでの領地を徐々に拡大していた時であり，ノルマン人貴族たちは心情的に断然フランス寄りだった。本拠地はフランスで，イングランドには出稼ぎといったところだ。

一方でイングランド人の貴族も，ノルマンディーとイングランドの両方に領地を所有するようになった。こうしてノルマンディーが存在感を増すにつれて，イングランド人貴族たちは宮廷でフランス語を話すようになり，行政文書の類もフランス語で書かれるようになった。次には貴族の領地で働く執事や役人，町の事務係たちもフランス語を覚えた。なにしろ社会的地位を維持するためにはフランス語が必須だったからだ。ノルマン人たちは元来，フランス語の北部方言であるノルマン・フレンチを話していたが，イングランドに来たノルマン人とイングランド人の話すフランス語はアングロ・ノルマンと呼ばれた。英語訛りのノルマン・フレンチといったところだ。

国内が落ち着いてくると，ノルマン人とイングランド人の間で交流や交易が行われ，結婚もあったが，言語の交流だけは無かった。フランス語はノルマン人とイングランド上流階級の言語であり，英語はイングランド下層階級の話し言葉になってしまった。フランス語は上等な言語で，英語は下等な言語になった。このように社会的な階級意識が言語に乗り移るなどということは，デーン人との交流では見られなかった現象だ。下等とはいえ，私的な場面でイングランド人貴族が母語の英語を話すことはあった。しかし彼らが英語を書くことはなくなってしまった。この状態は 13 世紀まで続く。

無関心が招いた衰退

書かれなくなった，いわば文字を失った英語は不安定だった。その上に差別意識が加わったのでは英語の運命は予想できようというものだ。発音と語彙と文法のすべての面で英語は統一性を失った。方言ばかりになったのだ。文法の面では，古英語の複雑な語尾体系は崩壊した。この現象については，英語が庶民の言語に成り下がってしまったからだ，とよく言われる。しかし庶民に責任を負わせるのは誤りである。庶民はノルマン征服以前も以後も自分なりの方言を話していただけだ。300 年の間に英語が零落したのは，上流階級が英語に関心を失い，英語から去ったからだ。英語は放置され，衰弱した。

当時，庶民は知的な世界から隔離されていた。中世の封建制の下では，国王が国中の土地をすべて所有することを絶対の前提条件とした上で，国王が土地を貴族に分割授与した。貴族は王に騎士団を提供し，騎士には土地を分け与えた。騎士は貴族に属す形で王に武力を提供し，与えられた土地をさらに分割して家来に与えた。家来は騎士に仕え，与えられた土地で小作人を働かせて収穫を得た。小作人は，ごく狭い土地を持つ者もいれば土地を持たない者もいた。このようにピラミッドの頂点から下に向けて土地と労働の交換が行われた。実質的な労働は底辺の小作人たちが人力で行う小規模な農業だけであり，人力の農業に支えられたイングランドは貧しい国であった。この貧しい状態は 300 年ほど続く。

ウィリアムの王国では，国民の過半数が小作人だった。小作人とは，土を耕し農作物を作る人のことで，自由民から農奴（奴隷）まで様々な身分があり，半自由民にあたる者もいて境界は定かではない。総じて小作人は，家族ぐるみで働いて，食べるだけが精一杯の，その日暮らしの生活をしていた。封建制の下では分不相応なことをしてはならず，たとえば農奴が息子を学校に行かせたりすると罰金が科せられた。[1] 当時は村の教会が学校の役割を果たしており，歌を教えたり説教を施したりしていたが，教会に行く余裕など無いのが実状だった。また，小作人の村の付近には人口の 5% から 10% にあたる数の職工が住んで農具や道具を作り，家の修理などを請け負っていた。ここから将来の町が発達するのだが，当時はまだ農業経済の一部分としての存在にすぎなかった。

これらの小作人と職工が「庶民」に該当するのであれば，英語の零落は庶民のせいとは言えない。彼らは読み書きとは無縁であり，話すのも日常の暮らしのためであって，正しく美しく話す必要などなかった。標準英語の運命を左右する力など持ち合わせてはいなかった。

百年戦争

ノルマン征服後のイングランドでは，読み書きができて知的世界にアクセスできる層の人々が英語を見捨てたため，英語は発音がバラバラになり，語彙が貧弱になり，文法が崩壊した。しかし 13 世紀初頭になると状況が変わり始める。

ウィリアム征服王の没後は子孫たちが王位に就いた。代々のイングランド王たちは，フランス貴族の相続人である娘と結婚して広大な領地を得たり，

[1] Harrison: 39.

あるいは闘争して力ずくで領地を奪い取ったりして勢力を拡大した。イングランド王は，フランスではフランス王の臣下の立場なのだが，12 世紀後半には領土と財力の両面でフランス王をはるかに凌いでいた。パリ近郊の土地しか持たないフランス王は当然ながら苛立ちを募らせていた。イングランドの場合と同じくフランスでも土地はすべて国王の所有物なので，臣下の義務を果たさなかったなどと理由をつけて領地を没収することも可能ではあったが，そんなことをすれば逆襲の憂き目に遭いそうだった。

そんな時，イングランドではジョン王（在位 1199–1216）が即位する。あまり有能でなかったジョン王は 1204 年にノルマンディーをフランス王フィリップに占領されてしまった。その後，奪回に 2 度も失敗し，さらなる軍事資金を臣下から調達することにも失敗して，ジョン王はノルマンディーを失った。このことからジョン王には「失地王」という不名誉な別名が付いている。

ノルマンディーがフランスの一部になってしまった今，ノルマンディーとイングランドの両方に土地を持つ貴族たちはどちらに定住するか二者択一を迫られた。選ばなかった方の領地は捨てなければならない。彼らの多くはイングランドを選び，イングランド人として生きる道を選んだ。

その後もイングランドとフランスの関係は悪化の一途を辿り，フランス領土の支配権を求めるイングランドと，長い間イングランドに奪われていた残りの全領土の奪回を目指すフランスの間でついに戦争が始まった。ジャンヌ・ダルクが登場したことでも知られる百年戦争（1337–1453）である。一般的に百年戦争の始まりは 1337 年とされるが，実際にはジョン王がノルマンディーを失った時から徐々に始まっていた。

そのジョン王は，1215 年にマグナ・カルタ（大憲章）を制定したことでも知られている。失政を重ねるジョン王に司教や臣下が耐えかねて，マグナ・カルタを突き付けたのだ。マグナ・カルタは王権に制限を加え臣下の権利を守る趣旨の規約であり，立憲君主制の先駆けであった。その精神は現在のイギリス憲法でも生きている。

百年戦争が徐々に始まり，停戦と再開を繰り返して長々と続く間に，様々な出来事があった。たとえば 1258 年には，貴族で構成される評議会が国政に参加する旨を明記したオックスフォード条項が定められた。これは先のマグナ・カルタに続く民主化の動きであり，農奴や半自由民を抱える中世の専制主義がようやく終わりに向かうことを示すものであった。現在の英国国会にあたる Parliament（議会）という呼び方もこの頃に定着し，その後 14 世紀には上院と下院の 2 院制が導入された。

黒死病と庶民

百年戦争が続く一方で，大飢饉 (1315-17) に続いて黒死病 (1348-1451) がヨーロッパ全土を襲った。被害があまりにも甚大なため，この間は休戦になったほどである。イングランドでは人口の 30 ～ 40%が亡くなり，特に隔離や消毒など必要な措置を取る財力の無い下層階級に大きな被害が出た。領地によっては小作人の 50 ～ 60%が亡くなった所もあった。[2] そのため結果的に，労働者が不足する事態に陥り，労働者の賃金が高くなり，農奴や半自由民の身分から脱却して村を出る人が増えた。今や，より良い仕事を探すことができるのだ。

町で暮らす鍛冶屋，皮職人，大工，肉屋，仕立屋，靴屋，等々の職人や商人は同業者同士でギルドを作り，領主に依存しない自立的な経済生活を営むことができるようになった。中産階級の台頭である。ロンドン，ノリッジ，ブリストル，ヨークなどの町では商取引が活発に行われ，上流階級の人々も参加するようになった。商取引は英語で行われた。このように社会もまた民主化の方向に動き始めていた。

ちなみに「ギルド」は「支払い」という意味の古ノルド語に由来しており，ドイツ語の Geld（お金）と同語源である。職業名については，smith（鍛冶屋）は古英語の時代から存在した。その他の職業名は 13 世紀から 14 世紀の間に使用が始まった。carpenter（大工），butcher（肉屋），tailor（仕立屋）はアングロ・ノルマン語から英語に入ったものであり，これらの職業が上流階級の暮らしに密接に関わっていたことを示唆する。saddler（馬具商）はフラン

[2] Harrison: 79.

ス語由来である。その他，cooper（桶屋），mason（石工），miller（粉屋），shoemaker（靴屋），tanner（皮職人），weaver（職工）などは語源不詳あるいは語幹のみ古英語由来である。このうち cooper は少し遅れて 15 世紀に初出している。この当時の職業名の多くがイングランド人の苗字になった。

当時は，ギルドか否かに関わらず，仕事の形態としては家内工業だった。職人は家で仕事をし，妻，子どもたち，徒弟，メイドが一団となって働いた。この状態は産業革命まで続くが，毛織物工業は他に先駆けて発達し，15 世紀になる頃には企業家が現れた。職人は個人の客に売るのではなく企業家に売るようになった。企業家は織物の品質を管理し，買い上げ，広い市場で売りさばいた。

農村も変わった。1300 年代には小作人の大半が農奴だったが，1500 年代にはほぼ全員が農奴の身分から脱却していた。領主は小作人に賃金を払って農業を行うようになった。小作人は重労働を嫌い，賃金の支払いが滞ると怒って，ふいに姿を消してしまうこともあった。領主は労働者への対応と賃金の調達に手を焼き，小作人に農場を貸し出す領主もいた。古来の封建主義が終わりつつあった。

英語の復権

百年戦争の間に政治・経済・社会のあり方が変わるにつれて，英語の運命にも変化があった。まず，貴族の意識が大きく変化した。13 世紀初頭にノルマンディーを失って以来，イングランドに在住するノルマン人貴族たちは自らをイングランド人とみなすようになり，フランスには反感を抱いていた。イングランド人貴族も同じ恨みを持っていた。14 世紀になって百年戦争に突入した頃には，貴族たちにとってフランスは完全に敵国だった。そのような状況下で彼らがフランス語を話す必要がどこにあるというのか。パリで話される標準フランス語への敬意は失わないまでも，ノルマンディー方言のフランス語をイングランド人が公用語にするなど全く可笑しなことに思えた。こうして彼らは宮廷でフランス語の代わりに英語を使うようになった。

保守的な人々の間では，フランス語は依然として高級な言語であり高等教育の証だとする傾向があった。14 世紀初頭からすでに英語が復権し始めていたが，一方でフランス語を使い続けようとする人々は，学校教育や個人指導を通してフランス語を学んだ。しかし，学習しなければならないという事実がすでにフランス語の衰退を物語っていた。

戦争が長引く間に，イングランドとフランスは何度も話し合いの場を設けて和平交渉を行った。交渉の内容は文書にまとめて交換するが，15 世紀に入る頃，イングランド側が，フランス語ではなくラテン語で議事録を作成しようと提案した。もちろん使節団にフランス語が分からないはずはなく，公文書を敵国の言語で残したくないという思いからだ。言い換えれば，自分たちの母語は英語なのだという強い思いがあった。ちなみに当時，フランスでも興味深い現象が起きていた。戦時下のフランスでは，イングランド人を揶揄し罵倒するパンフレットや書物が盛んに出回っており，そこで使われる文字という有形の媒体の効果で，それまで無数にあった各地の方言が，宮廷の言語でもあったパリ近辺の方言に統一されていったのだ。[3]

15 世紀半ばには，イングランドで英語が復権したことは否定しようのない事実になっていた。古英語の文献の多くがアルフレッド大王の時代のウェセックスの英語で書かれていたのに対して，復権した英語は経済的に当時もっとも繁栄していたロンドン地域の英語を基にしていた。折良くイングランドにも印刷技術が導入されたため，この英語はどんどん普及した。我々に馴染みのある現代英語はこのロンドン英語が発達したものである。

印刷の技術は 1439 年にドイツ人ヨハネス・グーテンベルグ (1398-1468) によって発明されていた。その頃ドイツのケルンに住んで翻訳の仕事をしていたイングランド人ウィリアム・カクストン (1422?-91) は，来る日も来る日も手で文字を書くという重労働に疲れていた。彼は印刷という新しい技術に望みを託してこれを習得し，1476 年にウェストミンスター寺院の近くで印刷業を始めた。当時，印刷術の発明は現代のインターネット革命に匹敵するほどの大きな変化を社会にもたらした。話されるだけでなく書かれ印刷される英語は強力で，超スピードで標準化し全国に普及した。

---

[3] 佐藤：169.

英語の復権を示す主な出来事には次のようなものがある。

1349 年　学校の授業が英語で行われるようになった。
1362 年　議会と法廷の言語が英語になった。
1384 年　聖書が初めて英語に翻訳された。
1399 年　ノルマン征服後，初めて，英語を母語とするヘンリー四世が就任し，戴冠式のスピーチを英語で行った。
1489 年　すべての行政文書が英語で書かれるようになった。

知的階級の人々が英語に戻った時，大量のフランス語が英語に流入した(☞ 第 4 章)。それまでアングロ・ノルマンなるフランス語を話していた人々が，慣れない英語を話すにあたって自然とフランス語を交えて話したからだ。それがまた上流階級の証でもあった。

英国王室の系譜

図 1 は，現在の英国がアングロ・サクソン人だけの国ではないことを示唆する。王室におけるアングロ・サクソンの血筋は，その昔ウィリアム征服王がアルフレッド大王の子孫と結婚したことで薄っすらと残っているだけだ。チューダー家のヘンリー七世はクォーターのウェールズ人（父がウェールズの没落名門の祖父とフランス王家の祖母とのハーフ，母がランカスター家）だった。また，スチュアート家はスコットランド起源の王家である。他にフランスやドイツの血筋も現在の英国王室を構成している。

それでも，あるいはそれだからこそ，アングロ・サクソンという旗印が揺らぐことはない。2022 年 9 月にエリザベス二世がウィンザーで亡くなった時も，国葬は 34 キロ離れたロンドンにあるイングランド国教会のウェストミンスター寺院で執り行われた。ウェストミンスター寺院はアングロ・サクソン時代を象徴する建物であり，エドワード王（在位 1042-66）がこれを建てた当時の扉が Anglo-Saxon Door（アングロ・サクソンの扉）と呼ばれて寺院の内部に現存している。

国葬の後，エリザベス女王の棺は再び本拠地のウィンザーに戻り，ウィン

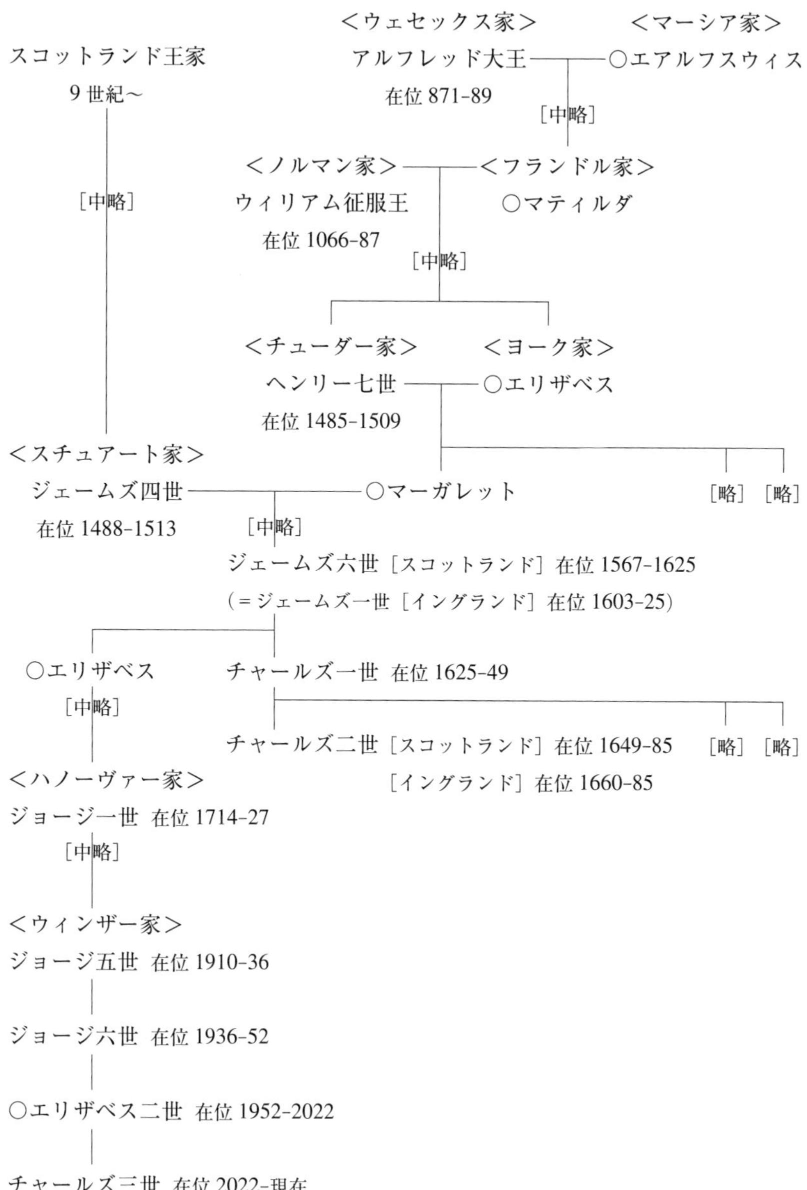

図 1：英国王室の系譜（○は女性）

ザー城内の礼拝堂に埋葬された。

☆ノルマン征服 (1066) によってフランス語が公用語になり英語は庶民の言語になった。

☆13 世紀にはイングランドとフランスの関係が悪化し，百年戦争 (1337-1453) によってノルマン人貴族のイングランド化が進んだ。「アングロ・サクソン」という概念が不動のものになり，英語が復権し始めた。

☆大飢饉や黒死病 (1348-1451) によって労働者が不足し，庶民の力が強くなった。庶民の言語である英語の地位も向上した。

☆15 世紀半ばには英語が完全に復権した。

☆大量のフランス語の語彙が英語に流入した。

第4章　中英語

歴史言語学では一般的に，ノルマン征服後の1100年から印刷術を得た1500年までを中英語期としている。この400年の間に英語は没落し，復権し，新たな標準語を獲得した。

屈折の単純化

ノルマン征服によって上流階級がフランス語を使い始めると，それまで古英語の標準語とされてきたウェセックスの英語は顧みられなくなり，南西方言とでも呼ぶべき方言の1つにすぎなくなった。その変化を示すのが当時の書き物である。標準語があるうちは，話す時はともかく書く時には人は標準語を使った。ところが12世紀になると，文章がそれぞれの書き手の方言で書かれるようになったのだ。それ以前の文章とは全く違っていた。

人々は自分が話す時の言葉で書くようになった。そのお陰で後世の我々は，後期の古英語が水面下でどれほど変化していたかを知ることができる。変化は特に**屈折語尾**で顕著だった。すでに古英語の後期から徐々に語尾の単純化[1]が起きていた。屈折語尾の，強勢の無い短母音の音節はどれも曖昧母音の [ə] で発音されるようになり，*-an* も *-um* も [ən] になった。このため初期の中英語では *-an* も *-um* も *-en* と書かれた。

中英語初期に見られたこのような変化の原因は，デーン人との交流だった。古ノルド語と古英語はどちらもゲルマン語であり，**語幹**が同じか類似し

[1] leveling（水平化）ともいう。

た語が多くあった。そこで屈折語尾を省略して意思疎通を行ったと考えられる。もともと古英語は第 1 音節に強勢を置く傾向があり，語尾は弱く発音した。オットー・イェスペルセン (1860-1943) もゲルマン語について語る文脈で「ゲルマン語では心理的に重要な，語の根幹となる部分を第 1 音節に持ってくることが多い。その重要な部分を思い切り強く発音して，そうでない部分は非常に弱くする。英語の強勢のある音節はフランス語の第 1 強勢より強く，強勢の無い音節はフランス語の第 2 強勢より弱い」と述べている。[2] そのようなゲルマン語同士の古英語と古ノルド語が交流すれば，屈折の単純化は自然の成り行きだったに違いない。

語尾の発音が曖昧になると，屈折が単純化するだけでなく文法範疇としての**性**も曖昧になった。古英語では，性は名詞自体の屈折で示されるというよりも (名詞自体の屈折は性による違いが小さかったので)，むしろ名詞の屈折と指示代名詞あるいは形容詞の屈折との一致を通して示されることが多かったため，語尾が単純化したり不変化になったりすると性が見えなくなってしまうのである。こうして屈折の単純化と性の消失は並行して進み，性はやはり北部から消えていった。文法的性が無くなると，頼れるのは自然性のみだった。その自然性も現代では人称代名詞が表すだけになっている。

屈折語尾の単純化を誰も食い止めず一層の単純化を招いた原因はノルマン征服にあった。社会的に劣った言語とされた英語は，その後も *-en* の *-n* を落として *-e* になり，北部では早くも 13 世紀に語尾がすっかり消えた。*drincan* ⇒ *drinken* ⇒ *drinke* ⇒ *drink* がその例である。15 世紀初頭にはこの形が南西部にも広がった。だが一方で，語末に発音しない *-e* を書き加える習慣が出てきたため，統一には至らなかった。

中英語期の前半は方言による違いが大きく変異も激しかったが，後半には標準化されるようになった。標準化にはジェフリー・チョーサー (1340?-1400) の影響が大きかったとする説もあるが，宮廷詩人で読者層の限られていたチョーサーよりも，むしろロンドンという都市が決定的な要因だったとする説が一般的である。当時，ロンドンは政治・経済・社会の中心として発

---

[2] Jespersen: 25.

展を遂げており，そのロンドン近辺の英語がイングランド全土に普及して，15 世紀半ばにはイングランド中でロンドン方言が使われるようになった。

中英語の綴りは時期，地域，書き手，編集者によって不統一だが，*þ*（ソーン）と ð（エズ）は印刷の普及に伴って中英語末期までに *th* に置き換えられた。ȝ（ヨッホ）は g，i，x，w，z を表して曖昧だったため早期から避けられる傾向にあった。本書でもこれ以降，説明文中のソーンを *th* で表記する。例文中のソーンとエズは第 2 章から引き続きソーンで統一し，例文中のヨッホは ȝ のままにする。

名詞

名詞と形容詞は特に大きく変化した。まず**名詞**は，古英語の 5 つの型のうち男性名詞の一般的な屈折型がすべての性の一般型になった。表 1 では古英語 *stān*（stone）が中英語 *stoon* に，*giefu*（gift）が *yift* になっている。どちらも今や中性名詞である。*yift* は古英語の意味が廃れ，中英語では古ノルド語の「贈物」の意味で用いられた（☞ 第 2 章 表 3）。

表 1：名詞の一般的な屈折（中英語）

	stoon（stone）		*yift*(*e*)（gift）	
	単数	複数	単数	複数
主格	*stoon*	*stoones*	*yift*(*e*)	*yiftes*
対格	*stoon*	*stoones*	*yift*(*e*)	*yiftes*
属格	*stoones*	*stoones*	*yiftes*	*yiftes*
与格	*stoon*(*e*)	*stoones*	*yift*(*e*)	*yiftes*

表 1 では単数属格と複数に *-es* が付いている。**属格の *-es*** は，単純化の過程で生じた *-e*，*-es*，*-en*，*-ene* の語尾のうち *-es* の音形が一番くっきりと目立ち，古英語の男性一般名詞の単数属格の語尾でもあったため，中英語の大多数の名詞の単数属格として残った。

複数語尾 -*es* は，古英語の男性一般名詞複数主格と対格の語尾 *-as* が中英

語で *-es* に変わったものである。南部では複数語尾 *-en* が好まれたが，14 世紀に *-es* が確立した。ちなみに *-en* の方は古英語の *ēage*（eye 眼）型の名詞の複数主格と対格の語尾 *-an* が中英語で *-en* になったものである。

こうして名詞は，属格と複数が標示されるだけの単純な屈折体系に到達した。その属格は，中英語期から *of* 句で代替されることが増えた。さらに 17 ～ 18 世紀には，属格にアポストロフィを付ける習慣が定着して，複数形との差異化が進む（☞ 第 2 章 表 4）。

与格の *-e* は付けないことが多かったため，与格と対格は同形になってしまった。そこで区別をつけるために *geve hem benes*（give them beans）などと語順を利用し，あるいは与格名詞の前に前置詞 *to* を置く傾向が生じた。与格で付帯状況を表す時には *mid lude stefne*（with a loud voice）などとして前置詞を使うようになった。

代名詞・冠詞・数詞

表 2 は中英語後期の**人称代名詞**の屈折を示す（☞ 第 2 章 表 6）。

表 2：人称代名詞の屈折（中英語）

	1 人称		2 人称	
	単数	複数	単数	複数
主格	*I* 稀に *ich*	*we*	*thou/thow*	*ye*
対格	*me*	*us*	*the(e)*	*you/yow*
属格	*my(n)(e),*	*our(e)(s)*	*thy(n)(e)*	*your(e)(s)*
与格	*me*	*us*	*the(e)*	*you/yow*

	3人称			
	単数			複数
	男性	女性	中性	
主格	*he*	*she*	*it/hit*	*they*
対格	*hym/him*	*hir(e)/hyr(e)*	*it/hit*	*hem*
属格	*his*	*hir(e)(s)*	*his*	*hir(e)(s)*
与格	*hym/him*	*hir(e)/hyr(e)*	*it/hit*	*hem*

順に見ていくと，まず1人称単数主格が**大文字の *I*** になった。経緯は次の通りである。古英語の *ic* は，北部では中英語期まで使われたが，中部と南部では早々に *ich* [ɪtʃ] になった。12世紀に入ると，北部と中部では *ic* [ɪk] や *ich* に子音が続く場合に [k] や [tʃ] が落ちることがあり，その時には *i* と書かれるようになった。こうして暫くの間 *ic*，*ich*，*i* が混在したが，1400年以降，大文字の I を使う習慣が北部から広まった。この時の発音は [iː] だったが，中英語末期から初期近代英語期にかけて起きた大母音推移（☞ 第6章）を経て [aɪ] になる。

1人称と2人称の双数は古英語でも使用頻度が低く，中英語の初期の段階で廃れた。2人称の単数と複数は，古英語期には単に数の違いで使い分けられていたが，13世紀にはフランス流に単数形（thou 系列）を子どもや目下の人間に対して使い，複数形（ye 系列）を目上の人に敬意をこめて使うようになった。一説によれば，この用法の発端は，ローマ皇帝たちが自らを庶民1人分よりも価値のある存在として複数形で呼びかけられることを望んだことにある。その作法を中世にフランスがヨーロッパ中に広めたのだ。しかしイングランドでは，親称と敬称を区別する習慣は17世紀末までに廃れ，you で統一される。目下に対して thou を使う習慣は遅くまで残ったが，それも時間の問題だった。

3人称女性単数主格は，古英語で *hēo* だったが，12世紀末から13世紀の間に指示代名詞3人称女性単数の主格 *sēo* で代替されるようになり，中英語期のうちに *she* になった。理由としては，ノルマン征服下で方言が乱立して標準的な発音が無い状況下で，古英語の人称代名詞3人称単数の男

性形 *hē* と女性形 *hēo* の発音を区別するのが難しくなったことが考えられる。加えて**古ノルド語**の影響もあった。古ノルド語では人称代名詞の代わりに指示代名詞を使うことがよくあったのだ。実際に代替は，現在も古ノルド語の地名が多く残り古ノルド語混じりの方言が話される地域，つまり当時において古ノルド語の影響を強く受けていた北部の地域から始まった。

3 人称の複数形は，1200 年から 1500 年の間に古ノルド語に入れ替わり始め，主格 *they* は中英語期のうちに確立した。主格以外の格も近代英語期までにノルド語由来の *them*，*their*，*them* に置き換わる（☞ 第 6 章 表 3）。このように文法語が系列ごと借用されるのは稀有なことで，デーン人との交流の深さが窺われる。

第 2 章でも見たように，古英語には再帰代名詞が存在せず，*wē selfe*（we ourselves）などは強調を表した。中英語では単体の *-self* 形が登場したが，これも再帰ではなく強調を表した。

Syre, now þouself jugge.
(Sir, yourself judge)
現代英語：Now, sir, you judge.（さあ，判決を下してください。）

この文は，自らを裁けと言っているのではなく，あなたが裁くのだと強調している。その証拠に *þouself* の *þou-* は主格である。再帰用法なら対格になるはずだ。

再帰用法と似て非なるものが ethic dative である。本書ではこれを**感受与格**と呼ぶことにする。感受与格の指示対象は当該の文の主格主語と同一人物で，意味役割は経験者である。感受与格は，文法的には必要の無い文脈で現れることから冗語法の一種とされるが，不安や怒りを表す文脈や移動を表す時に用いて主語の感情や感覚を強調する効果がある。

Thenne gan Wastor to wrath ***hym****.*
(then began get angry him)
現代英語：Then Wastor began to get angry.（その時ワスターは腹が立った。）

He wole **him** *no thyng hyde.*
(　will　thing　hide　)
現代英語：He will hide nothing.（彼は何も隠そうとはしないでしょう。）

Jonas **hym** *ȝede.*
(Jonah　him　went)
現代英語：Jonah went.（ヨナは行った。）

移動の動詞は *shal*（shall），*wil(e)/wyl*（will）などに後続する場合はよく省略されたが，動詞が省略されても感受与格の代名詞は残ることがあった。

I wyl **me** *sum oþer waye.*
(　wish　some other way　)
現代英語：I'll go some other way.（私は別の道を行きます。）

指示代名詞も大きく変化した。*se* の系列は，中部では 1150 年までに**定冠詞** *the* と指示代名詞 *that/tho* に分かれ，その後 1400 年までにイングランド全土に波及した。定冠詞は不変化であり，代名詞の方は複数の屈折のみを保持した。もう 1 つの指示代名詞 *þes* の系列は *this/thise* になって *that/tho* と対比的に用いられるようになった。**直示**を行う指示代名詞の体系が出来たのである。

表 3：指示代名詞（中英語）

this（これ，この）		*that*（あれ，あの）	
単数	複数	単数	複数
this	*thise/these*	*that*	*tho*

1150 年頃には，**不定冠詞** *a(n)* が発達して定冠詞 *the* と対比するようになった。*a(n)* は古英語の数詞 *ān*（one）からの発達である。*a* と *an* の使い分けについては，1150 年頃に [h] 以外の子音の前で *n* が落ちて *a* になったが，[h] の前では引き続き *an house* などとして *an* を使う習慣が 1700 年頃まで続く。

表4：冠詞（中英語）

定冠詞	不定冠詞
the	*a*(*n*)

チョーサーは，*the*，*this*，*that* の後では形容詞を定変化させたが，*a*(*n*) の後では不定変化させていた。つまりチョーサーは，定冠詞には指示対象をピンポイントで特定する機能があり，不定冠詞には無いと考えていた。これは現代の用法に通じる考えである。

しかし中英語期の冠詞は発達の途上にあって不安定だった。たとえば初期には King Stephne の前に the を付けて *þe king Stephne* と言い，後期には付けなくなった。逆に the man Jonah の the が落ちて *segge Jonas*（man Jonah）になったり，a good man の a が落ちて *go*(*o*)*d man* と言ったりした。また，*everich a grot*（every detail）などとして不定冠詞の前に *everich*（every）や *eache*（each）などが付くという現象も見られた。

中英語期には**関係代名詞**に合理的な変化が見られた。元来，インド・ヨーロッパ祖語は関係代名詞を持っていなかった。そこで，それぞれの語派が独自に関係代名詞を作り出した。ラテン語は疑問代名詞から作った。ゲルマン語では指示代名詞から作る語派が多かった。古英語も指示代名詞 *se*（the/that）の系列を関係代名詞として使った。それに加えて，専用の不変化詞 *þe* も作った。*þe* は単独で用いたり，*sē þe*（who）としたり，人称代名詞と組み合わせて *þe hine*（whom）などとした。中英語になると *þe* は廃れ，指示代名詞 *that* が関係副詞の領域を含めたあらゆる文脈で関係詞として用いられた。関係詞として用いられる場合には *that* は不変化だった。

15 世紀には疑問代名詞 *which* も関係代名詞として用いられるようになった。ただし *which* は先行詞が複数の時は屈折して *whiche* になった。ごく稀に疑問代名詞 *whom* と *whos* が関係代名詞として用いられたが，*who* は用いられなかった。**疑問代名詞** *who* の関係代名詞用法は 16 世紀以降に発達する。表5は *who* の屈折を示す（☞ 第2章 表8）。

表5：疑問代名詞 *who* の屈折（中英語）

who	
主格	*who*
対格	*whom*
属格	*whos*
与格	*whom*

次に**数詞**は，古英語と違って基数がどれも屈折しなくなった。表6に例を示す。

表6：数詞（中英語）

	基数	序数
1	*oon*	*first(e)*
2	*two(o)*	*seconde, secunde*
3	*thre(e)*	*thridde, thirde*
4	*four*	*ferthe, fourthe*
5	*five*	*fifthe*
6	*sixe*	*sixte*
7	*sevene*	*seventhe*
8	*eighte*	*eighthe*
9	*nine*	*ninthe*
10	*ten*	*tenthe*
11	*eleven*	*eleventhe*
12	*twelve*	*twelfthe*
13	*thrittene*	*thrittenthe*
20	*twenty*	*twentithe*
100	*houndred*	*hundredthe*
1000	*thousand*	*thousandthe*

21以上の数詞は古英語と同様に1桁めを先に言った。数詞に続く名詞は *four and twenty year*（twenty four years）など，単数形を用いた。これは古英語で *twentig scipa*（twenty of ships）など名詞の複数属格語尾が -s でな

かった頃の名残だろう（☞ 第2章 表3）。また，13の基数には表6で挙げた *thrittene* を音位転換した *thirttene* という異形態もあった。

形容詞・副詞

形容詞は古英語では複雑な屈折を示したが，中英語では徐々に原形と *-e* の2つに集約されていった。定変化と不定変化の区別も解消に向かってはいたが，依然として特に南部と南西部で，一部の形容詞の屈折を支配していた。

形容詞は基本的に次の場合は屈折しなかった。

(1) 原形が *-e* で終わる形容詞
(2) 2音節以上の形容詞
(3) 他言語からの借用語である形容詞
(4) 不定変化型の文脈でのすべての性の単数主格の形容詞
　［例］*The stoon is* ***good.***
(5) 不定変化型の文脈での男性と中性の単数対格の形容詞
　［例］*gyue to hym a* ***ryght good*** *dyner*
　　(give to him a right good dinner)

(1) ～ (5) のどれでもない場合は屈折する。つまり *-e* 以外で終わる単音節の本来語の形容詞は，定変化型の文脈では必ず屈折し，不定変化型の文脈でも場合によっては屈折する。とはいえ中英語の初期の文献を除いては，屈折形は *-e* のみだった。たとえば定変化型の *the good stoon* と不定変化型の *a good stoon* の *good* は表7のように，単数の主格と対格以外ではすべて同形になる。___ は無冠詞を表す。

表7：*the/a good stoon*（the/a good stone）の屈折

	the/a good stoon	
	単数	複数
主格	*the* ***goode****/a* ***good*** *stoon*	*the/___* ***goode*** *stoones*
対格	*the* ***goode****/a* ***good*** *stoon*	*the/___* ***goode*** *stoones*
属格	*the/a* ***goode*** *stoones*	*the/___* ***goode*** *stoones*
与格	*the/a* ***goode*** *stoon(e)*	*the/___* ***goode*** *stoones*

こうなると形容詞の屈折にはほとんど意味が無い。中英語の形容詞は，古英語の形容詞が持っていた特定性を示唆する機能を失った。その機能を補うかのように一方で定冠詞が発達したのは歴史的必然と言える。特定性（厳密には確定性）は英語にとって，何としても表したい事柄なのだ。

中英語の形容詞は，2つ以上の形容詞が名詞を修飾する場合には名詞を囲うように分離して ***pore*** *folke* ***syke***（poor and sick people），*He* ***milde*** *man was and* ***softe*** *and* ***good***（He was a gentle, quiet, and good man）などと言うことがあった。ちなみに *pore*，*syke*，*milde*，*softe* は先の基準（1）に該当する。つまり，これらの *-e* は屈折語尾ではなく原形の一部である。後2者は（4）の「不定変化型の文脈での主格」にも該当する。基準（1）に該当しない *good* も基準（4）に該当し，このため屈折しない。

名詞句の内部での形容詞の生起位置は依然として定まらず，冠詞や所有代名詞の前に現れることもあった。たとえば ***balde*** *mine beornes*（my bold warriors わが勇敢なる戦士たち），*mid* ***aþele*** *his crafte*（with his noble skill）といった具合だ。しかし，これは同時に，冠詞など限定詞の役割がまだ曖昧だったということでもある。

古英語から引き続いて中英語でも，形容詞が名詞句の主要語として用いられることがよくあった。たとえば *the* ***gretteste*** は the greatest（one/ones）を表した。この one/ones が何であるかが指示代名詞と形容詞の屈折の助けを借りて文脈から容易に推測できれば問題無いとされたのだ。しかし中英語期には，屈折が単純化するにつれて情報が乏しくなり，形容詞なのか名詞なのかも判然としないことがあった。

形容詞の比較級と最上級の屈折は中英語でも残り，比較級は *-er/-re*，最上級は *-est* になった。稀に *more*，*most* が使われたが，現代と違って ***most kyd***（most famous）など短い語に付いた。**副詞**は古英語と同じく比較級と最上級の屈折をした。屈折の仕方は形容詞と全く同じになった。

動詞

中英語の**動詞**も，歯茎音で過去形を作る弱変化型，母音を変化させて過去形を作る強変化型，そのどちらでもない不規則型の 3 種類があった。このうち強変化型の動詞は，中英語期の早い段階で，古英語にあったうちの 3 分の 1 近くが姿を消した。この現象はその後も続き，現在までに古英語の強変化型動詞の 2 分の 1 以上が消失している。

消失した動詞の多くは，まず弱変化型に単純化し，その後完全に消えていった。しかし一方では，弱変化型として残存するものもあった。そのようにして残存している動詞が現在の時点で 81 確認されている。古英語期から強変化型のまま現存している語は 68 語にすぎず，しかも変化の仕方が単純になったものが多い。この他に，強弱の両方の活用をするものや，過去形と過去分詞形のどちらか一方が強変化するものが 13 存在する。[3]

単純化は類推の力が自然に働いて進行した。11 世紀以降の，英語が公用語でなくなって読み書きの教育が十分に行われない状況では，文章を書く機会のある人も無い人も，複雑な屈折をする動詞に弱変化の型を当てはめて話すのは自然なことだった。こうして弱変化型への移行はどんどん進み 14 世紀にピークを迎えたが，その後，英語の復権と印刷術の導入が効を奏して収束に向かった。

---

[3] Baugh and Cable: 160.
この他に，13 世紀にフランス語から入り強変化する strive，古英語で弱変化だったが bear や swear からの類推で 14～16 世紀にかけて強変化に移行した wear，16 世紀以降 spat という過去形を獲得した spit，中英語の初期に know からの類推で強変化を併用するようになり現在では過去分詞のみが強変化型を示す show など，強変化型の増加とみなせる例が 15 存在する。

表 8 ～ 10 は動詞の 3 つの型の活用例である。

表 8：弱変化型動詞の活用例（中英語）

	人称と数	*loue(n)* (love)		*have(n)* (have)	
		現在	過去	現在	過去
直説法	1 単 *I*	*loue*	*louede*	*have*	*hadde*
	2 単 *thou*	*louest*	*louedest*	*havest*	*haddest*
	3 単 *he, she, it/hit*	*loueth*	*louede*	*haveth*	*hadde*
	1-3 複 *we, ye, they*	*loue(n)*	*louede(n)*	*have(n)*	*hadde(n)*
仮定法	1-3 単	*loue*	*louede*	*have*	*hadde*
	1-3 複	*loue(n)*	*louede(n)*	*have(n)*	*hadde(n)*
命令法	2 単	*loue*	—	*have*	—
	2 複	*loueth*	—	*haveth*	—
分詞		*louyng(e)*	(*y*)*loued(e)*	*havyng(e)*	(*y*)*had*

表 9：強変化型動詞の活用例（中英語）

	binde(n) (bind)		
	人称と数	現在	過去
直説法	1 単 *I*	*binde*	*bounde*
	2 単 *thou*	*bindest*	
	3 単 *he, she, it/hit*	*bindeth*	
	1-3 複 *we, ye, they*	*binde(n)*	*bounde(n)*
仮定法	1-3 単	*binde*	*bounde*
	1-3 複	*binde(n)*	*bounde(n)*
命令法	2 単	*bind*	—
	2 複	*bindeth*	—
分詞		*bindyng(e)*	(*y*)*bounde(n)*

表 10：不規則型動詞の活用例（中英語）

	be(e)(n)（be）		
	人称と数	現在	過去
直説法	1 単 *I*	*am*	*was*
	2 単 *thou*	*art*	*were*
	3 単 *he*，*she*，*it/hit*	*is*	*was*
	1-3 複 *we*，*ye*，*they*	*be(e)(n)/ ar(e)(n)*	*were(n)*
仮定法	1-3 単	*be*	*were*
	1-3 複	*be(e)(n)/ ar(e)(n)*	*were(n)*
命令法	2 単	*be*	—
	2 複	*be(th)*	—
分詞		*being(e)*	*be(e)(n)*

be(e)(n) など不規則型の動詞の活用形は，もともと地域差が大きかったこともあり，中英語期には様々な形が乱立して混迷の度を増した。

中英語の**時制**は古英語と同じく現在時制と過去時制の 2 つだった。**現在時制**は現在の時間と未来の時間を表した。未来の時間を表すには *shal* と *wil(e)* がよく用いられた。*shal* は人の意思に関わらず起きるべくして起きることを表すようになり，代表的な未来表現になっていた。*wil(e)* は相変わらず願望を表したが，その意味合いは薄まっており，*shal* と *wil(e)* は入れ換えて使える同義語のように扱われることもあった。とは言っても，たとえば次の例では，やはり微妙に使い分けられている。ちなみにこの例の第 1 節は先に感受与格の件でも引用した。

I ***wyl*** *me sum oþer waye, … I* ***schal*** *tee into Tarce.*
(will some other way shall travel Tarshish)
現代英語：I'll go some other way, … I'll travel into Tarshish.
（私は別の道を行きます。タルシシュに行くのです。）

複文では，従位節に *wil(e)*，主節に *shal* を使って対比の効果を出すこともあった。

If ʒe ***wyl*** *listen … I* ***schal*** *telle hit as tit.*
(　you will　　　　　shall　tell　　　at　once)
現代英語：If you are willing to listen, … I'll tell it at once.
（聴くつもりがあるなら即座に話します。）

過去時制は過去の時間を表したが，他に現在完了も過去の時間を表す形式として定着した。加えて 14 世紀後半には特に物語の中で歴史的現在の用法がよく使われるようになった。このため中英語では，過去時制，現在完了，歴史的現在の 3 つの形式で過去の時間が表現された。

中英語の**相**は，これも古英語と同じく完了相と継続相の 2 つだった。**完了相**は SVOC 文から分かれて確立した。ただし先に述べたように，古英語と同じく完了相は過去の時間を表すとされた。

中英語期の終盤には他動詞のみでなく自動詞にも *have(n)* を使うようになったが，*comen* (come) と *goon* (go) などには依然として *be(e)(n)* を使った。時には「～し始めた」という起動の意味を表すのに *gynne(n)* (begin 始める) の過去形 *gan* に原形不定詞を後続させることもあったが，これが相の 1 つとして定着することはなかった。

継続相は古英語と同じく中英語でもあまり用いられず，単純な現在時制，または過去時制の方がよく用いられた。その場合，継続の意味かどうかは文脈で判断した。次の SVOC 文でも目的語補語に現在分詞でなく原形が用いられている。

Arþur isæh Colgrim climben.
(Arthur saw　　　　climb　)
現代英語：Arthur saw Colgrim climb.
（アーサーはコルグリムが木に登るのを見た。）

現代英語では climbing「登っているところ」と climb「登り始めるところ」

を区別するが，中英語では相の概念が未発達だった。

中英語でも**態**は能動態と受動態の2つだった。**受動態**は「*be*(*e*)(*n*) ＋過去分詞」または「*worthe*(*n*) (become) ＋過去分詞」で表したが，14世紀末までに「*be*(*e*)(*n*) ＋過去分詞」が一般的になった。

古英語に見られた，不定代名詞 *man* を用いて能動態で受動の意味を表す用法は14世紀を最後に文献から姿を消した。しかし，*man* の屈折形の1つ *me* が非人称構文の中で生き残ったとする説がある。これについては後述する。

to不定詞が受動を表すこともあり，たとえば *Avantarie is* ***to despise*** (Boasting is to be despised 自画自賛は軽蔑されるべきだ) と言った。この用法は先に第2章でも見たように古英語の時代から存在した。

継続相の受動態は中英語では存在せず，現代英語の be being V-ed に代わって単純な受動態 be V-ed が使われた。継続相の受動態が欠如していたという事実は，継続相自体がまだ不確実で不安定だったことを示唆する。一方，古英語では見られなかった完了相の受動態が中英語の後期に確立した。

中英語は**法**を古英語と同様に動詞の活用形で表したが，**仮定法**の活用形は激減し，直説法との違いが見えにくくなった。その一方で，仮定法の単純化を補うかのように，*shal*，*wil*(*e*) に加えて *sholde* (should)，*wolde* (would)，*can*，*coude*[4] (could)，*may*，*myghte* (might)，*most* (must) が，本来の意味である義務，意思，能力，許可などから意味を拡張して，話者の主観を表すようになった。**法助動詞の誕生**である。法助動詞は，13世紀初頭から14世紀の間に *can* と *may* が意味を能力と許可に分担し，*may* と *most* が許可と義務に分担するなどして，15世紀末までに体系が整った。

動詞の活用形で仮定法を表す場合は，単文，重文，および複文の主節では，願望や命令を仮定法現在形で表し，非現実的な内容を仮定法過去形で表した。複文の従位節では，条件，仮定，譲歩，目的，避けるべき結果などを

---

[4] 16世紀に *sholde* と *wolde* からの類推で黙字の *l* が挿入され *coulde* になる。

仮定法で表し，仮定法現在形にするか過去形にするかは内容の現実性によって使い分けたが，通常，未来のことは仮定法現在形，過去のことは仮定法過去形で述べた。

次の単文では，起こりそうにないことを仮定法過去形で伝えている。現代英語では法助動詞を使うところだ。

That were a long lettyng.
(　　　　　　　　delay　)
現代英語：That would be a long delay.
（それは大きな遅延になることだろう。）

次は複文の従位節の例である。条件を表す従位節で，*if* を使う代わりに倒置し，仮定法現在形を用いている。

…wolle thow, nulle thow,
(　wish　thou　not wish thou　)
現代英語：whether you wish it or not,（好むか好まざるかにかかわらず）

命令法はごく単純になったが，それでも先の表 8 ～ 10 が示すように単数形と複数形で異なる活用形を持っていた。また「*do*(*n*) の命令形＋別の動詞の命令法」や「*loke* (look) の命令形＋別の動詞の仮定法」で命令を表すこともあった。次の 2 例で，*do* と *gyf* と *loke* は命令法単数形，*drynke* は仮定法単数現在形である。

Do gyf glory to þy godde.
(　give　　　thy god　)
現代英語：Give glory to God.（神をたたえよ。）

Loke þou drynke.
(look　thou drink　)
現代英語：Make sure that you drink.（必ず飲みなさい。）

前置詞

中英語の前置詞は古英語と同じく用法の重複が目立った。現代英語の 1 つの前置詞に対して中英語の複数の前置詞が対応することもあった。たとえばこうなる。

現代英語： all over the world
中英語： ***aboue*** (above) *the weorld*
at *the weorld*
bi (by) *the weorld*
in *the weorld*
on *the weorld*
ouer (over) *the weorld*
thurgh (through) *the weorld*

現代英語： during the night
中英語： ***at*** *the niht*
bi *the niht*
in *the niht*
on *the niht*
ouer *the niht*

特に *at*, *in*, *on*, *bi* は空間関係を表す時によく重複し，*at*, *in*, *on* は時間の意味でもよく重複した。

しかし，*at*, *in*, *on*, *bi*, *ouer* が一番よく使われる文脈を観察すると，少なくとも空間関係については，それぞれの前置詞に本来の意味のあることが見えてくる。

at： 町や建物の中の 1 つの場所
in： 世界など広い空間，町や森など囲まれた空間
on： 道などオープンな場所，テーブルなど表面の上
bi： 人や物の傍ら

ouer：　湖や谷の端から端まで

ここから，中英語は狭い場所と広い場所，2 次元空間と 3 次元空間，境界の有無を意識していることが分かる。これは現代英語に通じる見方である。

前置詞を使った連語も色々あった。***aboue** alle thyng* (above all)，***at** this/that tyme*，***at** the begyning of*，***at** niht*，***bi** cause **of*** (because)，***bi** day and **bi** nihte*，***bi** virtu **of*** (by virtue of)，***in** general*，***in** loue* (in love)，***in** vein* (in vain 無駄に)，***on** fote* (on foot)，***on** this/that day* などである。連語は，前置詞と共起する語の意味に助けられて，前置詞の意味の曖昧さを解消する効果があった。

中英語では前置詞を用いた**句動詞**が使われるようになった。句動詞は，厳密には「『動詞＋副詞的要素』で構成され，全体の意味が部分の意味の複合でないもの」と定義される。「副詞的要素」には副詞と前置詞が含まれる。これは，たとえば現代英語の put up with（持ちこたえる，耐える）の意味が put，up，with の意味を足し算しても得られないことを言う。だが実際には，意味の複合云々に関係なく，広く「動詞＋副詞的要素」を句動詞と呼ぶ傾向が強い。

句動詞が本格的に使用されるのは 20 世紀以降だが，中英語期には *up* が他を引き離して頻繁に用いられた。前置詞と副詞を太字にして例を示す。なお副詞 out は，現代のアメリカ英語では out of の of を省略した前置詞としても用いられる。

動詞＋前置詞：　*busch **up*** (rise up)，*digge **up*** (dig up)，*henge **up*** (hang up)
*loke **up*** (look up)，*stonde **up*** (stand up)，*take **up***
*pulleth **up** his hed* (pulls up his head 頭を上げる)
*falle **adoun*** (fall down)，*sitte **adoun*** (sit down)
*leape **dun** to the grund* (leap down to the ground)
*loke alle **aboute*** (look all around/about)
*wandre **aboute*** (wander around/about)
*come **in***，*go **in***

dryvez me ***over***（drives / strikes me over 私の方に押し寄せる）

動詞＋副詞： *stele* ***owy***（steal away）

be wered ***out***（be worn out），*keste* ***out***（cast out）

句動詞の動詞が省略されて副詞的要素だけ残る場合もあった。次の例では，移動の動詞が *shal*，*wil(e)* に後続する場合によくあるように，動詞が省略されている。また，この文は *and* で繋がれた第2節であるため代名詞主語も省略されている。そうして残った *up* と *owy* は副詞的要素である。*owy* は古英語期に「前置詞 *on*＋名詞 *wey*（way）」で形成された古英語 *a-wey* に由来する副詞であり，他に *on-wai*，*oway*，*awaye* などの綴りがある。

… *and wold up and owy.*
(would away)
現代英語：… and（she）wanted to get up and go away.
（起き上がってその場を離れたかった。）

文の構造

中英語では格標示が無くなったため「SV …」という基本的な語順が安定してきた。しかし依然として，疑問文では *Whi seist þou so?*（Why do you say so?）などとして**倒置**が起きた。文頭に否定の副詞やその他の副詞が来た時も倒置した。

目的語が代名詞である時には動詞が文末に来ることがよくあった。

This olde man ful mekely hem grette.
(old very meekly them greeted)
現代英語：This old man greeted them very gently.
（この老人は非常に丁寧に彼らに挨拶した。）

And as son as he to me cam,
(soon came)

Wold ich, nold ich, he me nam,
(would not took)
And made me wiþ him ride.
(with)
現代英語：And as soon as he came to me,（彼は私のところに来るとすぐに）
Whether I was willing or not, he seized me,
（否応なく私を捕まえて）
And made me ride with him.（馬に乗って同行させた。）

人称代名詞はよく**省略**された。主節か従位節かに関係なく，2 回めの言及時に省略された。先の *and wold up and owy* と同様，次の例でも主語が省略されている。

Hwen þey ihreþ þat god, skleatteþ þe earen adun.
（when they hear that good flap the ears down）
現代英語：When they hear anything good,（they）flap their ears down.

この文の *þat* は関係代名詞 *that* である。*that* はこのように先行詞が存在しない時にも用いられた。先行詞が省略されているとも言える。現代なら what と言うところだ。

否定文では多重否定が古英語期と同様によく使われたが，後期になると古英語以来の否定辞 *ne* と古英語 *nōht*（naught, nothing）に由来する *nat*（not）の併用が増え，*ne* を略して *nat* のみを使うこともよくあった。

*I noot **nat** what ye mene.*
(not know not you mean)
現代英語：I don't know what you mean.
（何を仰っているのか分かりません。）

*I **ne** can **ne** I **ne** mai tellen ....*
(not know be able to tell)

現代英語：I don't know how to nor am I able to tell ….

(私は…を述べる術を知らないしできもしない。)

if he wol ***nat*** *tarie,*

(will not wait)

現代英語：if he does not wish to wait,（彼が待ちたくないというのなら）

非人称構文については，古英語の 47 の非人称動詞[5] のうち近代英語期まで非人称用法を保持したものは 14 に減ってしまったが，一方で中英語期には新たに約 63 の本来語や借用語の動詞が非人称構文で使われるようになった。[6] 古英語以来の 14 語とは，現代英語の ache, ail, become,［英］behove/［米］behoove, hunger, like, loathe, long for, miss, need, rue, shame, thirst, wonder にあたる語である。

次の例文で，意味上の主語は与格の *me* である。この例のように *þat* 節がある文では，14 世紀以降は形式主語 *it* を用いるようになった。

Me lykes þat I schal fange.

(me likes that I shall receive)

現代英語：It is pleasing to me that I shall receive.

次の文の意味上の主語は与格あるいは対格の *yow* である。どちらの格なのか判然としない。

Yow［与/対格］*schal eæver hungrin.*

(you shall ever be hungry)

現代英語：You'll always go hungry.

(汝らはいつも空腹でいることだろう。)

他にも *me no reche* (I don't care), *hem thoughte* (it seemed to them) などがあり，非人称構文は中英語でよく使われた。一説によれば，不定代名詞

[5] この他に「be 動詞＋形容詞または名詞」が非人称構文で用いられることもあった。

[6] Möhlig-Falke: 203–05.

man を用いて能動態で受動の意味を表す用法の *man* の屈折形 *me* と *me thynketh*（methinks）などの *me* が混同されて受動文と解釈されたことから中英語で非人称構文が活発になった。

thynke(*n*) については OED に次のような記述がある。古英語には① *þyncan*（seem）と② *þencan*（think）の 2 つの動詞があった。現在までに①は廃れ，**methinks** と **methought** が古語として残るのみである。一方，②は think の前身である。この①と②が中英語では *thynke*(*n*) という同じ形になり，過去形も同形の *thoughte* になった。意味も似ていることから，①と②は混同して用いられた。

中英語では**分詞構文**や不定詞がよく用いられるようになった。次の例は 1430 年代の文章からの抜粋である。分詞構文の使い方は現代英語と変わらない。

> *… þer cam a ȝong man to þis prest, …, compleynyng to þe preste of*
> (there came young this priest complaining
>
> *pouerte & disese which he was fallyn in be infortunyte, expleyntyng*
> poverty disease fallen by misfortune explaining
>
> *þe cawse of infortunyte, …*
> the cause)

現代英語：There came a young man to this priest, complaining to the priest about poverty and illness he had fallen in due to misfortune, explaining the cause of the misfortune, …
（その時この司祭のもとに一人の若者が来て，災難に遭って貧困と病に苦しんでいることを司祭に訴え，その災難の原因を説明し，…）

不定詞については，原形不定詞を取る動詞が法助動詞と *lete*（let）に絞り込まれて，現代英語の用法に近づいた。ただし *gynne*(*n*)（begin），*goon*（go），*hure*（hear），*thynke*(*n*)（seem）などは原形不定詞を取ったり to 不定詞を取ったりした。

中英語の後期には**複文**が増加した。従位接続詞の数が古英語では 40 だったが中英語では 74 に増えた。[7] しかし従位節で *if* や *whan*（when）など接続詞が単独で現れることもあれば，*if that*, *whan that* など that が重複的に現れることもあった。韻律のためかと思われるが，このような重複は現代英語では見られないことだ。

チョーサーの『カンタベリー物語』の総序でも冒頭に *whan that* が出る。

Whan that *Aprill with his shoures soote*
(when April showers sweet)

The droghte of March hath perced to the roote
(drought pierced root)

And bathed euery veyne in swich licour
(every vein such liquid)

Of which vertu engendred is the flour
(by virtue engendered flower)

現代英語：When April with its sweet showers
Has pierced the drought of March to the root
And bathed every vein in such liquid
By which power the flower is engendered
（4 月が優しい雨で
3 月の渇きを根まで潤し
すべての葉脈をその液体に浸して
その力で花が産み出されるとき）

---

[7] Kohnen: 93.

関係節では先行詞と関係代名詞 *that* が遊離することがあった。次の例で先行詞は *my soule* ではなく *he* である。

He shal have my soule þat alle soules made.
(　shall　soul　that all　)
現代英語：He who made all souls shall have my soul.
（あらゆる魂を創った者が私の魂を得るだろう。）

この文では先行詞 *he* が存在しているが，次の例では省略されている。現代英語では what または the place which などとするところだ。

now þat London[8] *is nevenyd*
(　that　named　)
現代英語：what is now called London（今ではロンドンと呼ばれているもの）

先行詞が代名詞などで重複的に指示されることもあった。特に which は the which, which that の形で用いられることが多かった。中英語期には who の関係代名詞用法が無かったため，人を先行詞とする時にも which が用いられた。

This yongeste, which that wente to the toun, ful ofte in herte he
(　youngest (man)　went　town very often　heart
rolleth up and doun.
rolls　down)
現代英語：This youngest man, who went to the town, very often he goes up and down in spirit.
（この最年少の男性は，この人が町に行ったのだが，気分の浮き沈みが非常に激しい。）

[8] この文は 1390 年代または 1400 年代初頭のものだが，すでに London という現在の綴りが用いられている。

本来語と借用語

中英語期には本来語の多くが消滅した。原因は大量の**借用語**が①古ノルド語，②ラテン語，③フランス語から流入したことにある。特にフランス語は中英語の語彙の構成を大きく変えた。

このうち①のノルド語からの借用は，古英語期から起きていたものが中英語期に顕在化したものである（☞ 第 2 章）。②のラテン語からの借用は後年のイングランド・ルネサンスの兆しだった。ラテン語はフランス語を経由して英語に入ることが多かったが，中英語期にはラテン語から直接入った語も少なくなかった。法学，医学，神学，科学，文学の分野の語が多く，現代の allegory，genius，history，summary，testimony，infinite，lunatic，nervous，rational，等々はこの時期にラテン語から入った語である（☞ 第 6 章）。

③のフランス語からの借用については，当時，英語に戻ってきた上流階級の人々がフランス語交じりの英語を話した。それが特権階級の証でもあった。そのためフランス語が堰を切ったように英語に流れ込んだ。借用語が 1 つ入ると，連動して数個の新語が出来た。たとえば 1225 年にフランス語から *gentile*（gentle）が英語に入った後，1230 年に *gentille wimmen*（gentlewoman），1275 年に *gentile man*（gentleman），1300 年に *gentilness*（gentleness），1330 年に *gentilly*（gently）が文献に初出する。

1900 年までのフランス語から英語への全借用語のうち 1,000 語を対象にした調査では，その 40%が 1250 年から 1400 年の間に集中して借用されたことが分かった。この 150 年間は英語が復権した時期と一致する。この「1900 年までの全借用語の 40%」は実数にして 1 万語になる。[9] この時期までに英語に入った語は完全に同化して本来語の列に加わった。たとえば本来語の father，mother，brother，sister とフランス語から入った uncle，aunt，nephew，niece は何の違和感も無く同化して，血縁関係の意味場を構成している。

この時期の借用語は，政治，司法，宗教，軍隊，ファッション，食物，社

[9] Baugh and Cable: 173–4，Jespersen: 87.

会，芸術，医術，学問，等々，あらゆる分野に及んだが，相対的に軍隊と司法に関する語が多かった。上流階級は力を維持するために軍隊と法曹界を手中に収めた。その結果，彼らにとって馴染み深い admiral，captain，challenge，enemy，force，peace，prison，sergeant，soldier，spy など軍隊関係の語や，crime，damage，judge，justice，plaintiff，property，suit など司法に関する語が多くフランス語から英語に入ることになった。

この時期と比べると，1250 年より前に英語に入ったフランス語は約 900 語を数えるだけだった。内容も，baron，dame，messenger，noble，servant など，庶民がノルマン人貴族と接する時に必要な語が中心だった。[10]

中英語期には，借用によって容易に新語が入手できたため，複合や接辞を用いた古英語以来の語形成は概して不活発になった。特に接頭辞は，*for-*，*with-* が不活発になり *to-* がほとんど廃れてしまった。*over-*，*under-* も中英語期に廃れたが，近代になって over- が息を吹き返した。現代ではラテン語由来の dis-，re-，trans- やラテン語からフランス語を経由した counter- などが生産的に用いられている。

接尾辞も不活発になったが，古英語以来の -ness，-ful，-less，-some，-ish は衰えることがなく，現在でも生産性を保っている。中英語期にはラテン語由来の -al，-ous，ラテン語からフランス語を経由した -able，-ent，-ive などが借用され，定着した。

本来語と借用語の意味が近い場合には，本来語の方が廃れることが多かった。だが 1 つの語が廃れる時にはどこかの地域方言として残ることもあった。たとえば古英語 *ēme*（おじ）はフランス語 *uncle* に駆逐されたが，現在もスコットランド方言 eme として残存している。

本来語と借用語の両方が残る場合には意味の差異化が起きた。その時には，本来語が直に感覚に訴える普段使いの語になり，フランス語からの借用語は知的でフォーマルな雰囲気を伴う語になることが多かった。だから「助けて！」は Help! と言い，Aid! とは言わない。この類の例を表 11 に挙げる。

[10] Baugh and Cable: 164.

表 11：本来語と借用語の類義語の例（現代英語）

本来語	仏語由来	本来語	仏語由来	本来語	仏語由来
ask	demand	shun	avoid	might	power
begin	commence	wish	desire	clean	pure
feed	nourish	child	infant	hearty	cordial
help	aid	clothes	dress	holy	sacred, saintly
hide	conceal	ease	comfort	homely	domestic, humble
seethe	boil	house	mansion	lonely	solitary

実際には，フランス語からの借用語はフォーマルばかりとは限らず，日常語も多くあった。たとえば bar，cry，frown，glory，humor，pity，river，touch，等々の名詞，clear，cruel，eager，gay，mean，rude，safe，tender，等々の形容詞はフランス語由来だが，今や英語そのものとして力強く感情に訴える。本来語の eat，drink，sleep，work，play，speak，sing，walk，run，swim，等々の動詞，bread，butter，milk，cheese,[11] salt など食物を表す名詞，arm，foot，eye，ear，head，nose，mouth など身体部位を表す名詞に比べると，フランス語由来の語には多少の距離感を拭いきれないが，この列に本来語と並んで leg があっても古ノルド語由来だと気づかないのと同様に，face があってもフランス語由来だと気づく人は少ないだろう。

表 12 が示すように，羊や牛など動物の名前は本来語で，テーブル上に食肉として出される時にはフランス語で呼ばれる。これはノルマン人とアングロ・サクソン人が主人と召使いの関係にあるという社会的事実を反映している，とよく言われる。

この事実は，イングランドの数学者で司教だったジョン・ウォリス（1616-1703）が 1653 年に最初に指摘したことだ。ウォリスは無限大を表す記号∞の考案者である。その後，ウォルター・スコット（1771-1832）が歴史小説

[11] cheese は元来，ゲルマン民族がまだ大陸にいた頃にラテン語から借用した語だった（☞ 第 2 章）。

表 12：動物と食肉（現代英語）

本来語	仏語由来
calf（子牛）	veal（子牛肉）
deer（鹿）	venison（鹿肉）
fowl（鶏，家禽）	poultry（鶏肉，鳥肉）
ox（牛）	beef（牛肉）
pig，swine（豚）	pork，bacon（豚肉，ベーコン）
sheep（羊）	mutton（羊肉）

『アイヴァンホー』（*Ivanhoe*）の中でこの発見に言及して以来，中英語期の語借用を語る際には定番のように登場する。しかし，とイェスペルセンは言う。これらは単純にフランスの料理法が優れていたことを示すだけではないのか。食文化の領域では表 12 の他に boil，fry，pastry，roast，sauce，sausage，soup，toast などの借用語がある。cuisine（料理法）もフランス語だ。服飾文化も進んでいて，apparel，costume，dress，garment などがある。芸術面では art，beauty，colour/color，design，figure，image，ornament，paint，等々，フランス語由来の語が英語の表現力を高めている。建築についても同様である。フランス人は文化の粋を極めて生活を楽しむことを知っていた。この優れた文化を目の前にして，それを取り入れ真似ようとするのは自然なことだ。[12]

分析的言語への道

中英語は過渡期の言語だった。歴史的な外圧によって古英語の屈折体系が崩れ，文法を立て直そうとする中で，現代英語への方向性が見えると同時に不安定さも目立った。

古英語の時代から，英語は個体をピンポイントすることと，客観的な現実と主観の世界を区別することを重視してきた。形容詞が特定性を表す力を失

[12] Jespersen: 82–84.

い，動詞の仮定法が衰退した中英語期にも，何とかしてそれらの事柄を表そうとした。

そのために目指したのは屈折の再建ではなく，新たな文法範疇の創出だった。その一環で，既存の語を新しい範疇に再配分して冠詞と法助動詞を創った。人称代名詞以外では，格関係は語順で代替すると決めた。性の標示は捨てた。中英語期はこういった基本方針が定まった時期であった。

中英語は，屈折を中心とした総合的な言語から，助動詞など独立した文法語を組み合わせる分析的な言語に変わろうとしていた。未来の時間を表す shall と will が定着し，完了の have も多用されるようになった。前置詞を副詞的に使う句動詞の用法も始まった。

まとめると，中英語の文法は次の特徴を持っていた。

・格を標示する屈折が消え，それを補うかのように SV ... の語順が以前より安定した。
・性標示が消失し，人称代名詞の単数形だけが自然性を表した。
・形容詞が特定性を示さなくなり，それを補うかのように定冠詞と不定冠詞が発達した。
・時制と相の範疇は相変わらず粗削りだったが，未来用法の shall と will が定着した。
・自動詞の現在完了形にも be でなく have を用いる傾向が出た。
・受動態は become でなく be を用いることで統一された。
・仮定法が衰退し，その一方で法助動詞が台頭した。
・前置詞は用法が曖昧だが現代に通じる空間理解があった。
・前置詞や副詞を利用した句動詞が台頭した。
・関係代名詞は that と which だった。稀に whom, *whos* もあったが who は無かった。
・複文が増え，構文の多様性も増したが，省略，重複，反復，分離などが見られた。

第5章　ルネサンスから 1900 年まで

社会の変化

黒死病の影響で激減したイングランドの人口は徐々に回復し，1520 年には 250 万人，1600 年には 400 万人，1700 年には 550 万人，1750 年には 600 万人になった。職を求めて町に移住する人は後を絶たず，1700 年にはイングランドの全人口の 15%が町に住んだ。特にロンドンへの移住が目立ち，1520 年に 5 万人だったロンドンの人口は，1600 年には 20 万人，1650 年には 40 万人，1700 年には 57 万 5 千人になった。ロンドン以外の町はと言えば，1700 年には人口 1 万人以上の町が 7 つ，5 千人以上の町が 23，これより小さな町が多数あるという状況だった。ロンドンだけが突出していた。[1]

人口が倍増したイングランドでは経済活動が活発になり，それによって社会構造が二極化した。上流階級，貿易商，製造業者，熟練工，政府役人，地主などは機に乗じて富を蓄えた。その一方で町の賃金労働者や地方の農民は生活苦に喘いだ。これらの貧民は人口の過半数を占め，1695 年になっても住所不定の放浪者が 3 万人いた。[2]

富を蓄えて成り上がった人々は上流階級の生活様式を模倣し，上流階級の関心事に関心を寄せた。屋敷，調度品，土地，良い結婚，等々に加えて彼らが渇望したのは教養だった。その知的欲求を満たそうと，民間の富裕層が中

---

[1] Harrison:113, Wrightson:122, 128.
[2] Wrightson: 141.

心になって多くの学校やグラマースクール[3] がこの時期に増設された。従来，初等教育と中等教育は教会が行っており，中世にはほとんどの学校が教会に属していたが，14 世紀には篤志家の寄付によって私立学校が始まり，それら非宗教的な学校の数は 14 世紀に 105 校，15 世紀に 114 校，1530 年に 124 校になった。富裕層は土地や金銭を寄付して教育を支援し続け，1500 年から 1620 年の間に 300 校以上の学校が増設された。この傾向はその後も続き，支援は大学教育にも及んだ。[4] 富裕層の子弟は大学に進学し知識を蓄えた。今や財力のある者が社会の上層を占めた。

このような社会構造の変化に呼応してイングランドでもルネサンスの機運が高まった。ルネサンスの激動の中で英語は大きな影響を受けることになるが，知的好奇心によってルネサンスを支え，ルネサンスに影響され，結果的に英語の運命を決めたのは，またもや社会の上層部にいる人々だった。

知的なラテン語と粗野な英語

ルネサンスは，古代ギリシア・ローマの文明を復興することによって脱中世的で新しい価値観を創造しようとする運動であり，14 世紀後半にイタリアで最盛期を迎えた。それがドイツ，フランス，スペインなどを経て 16 世紀初頭にイングランドに波及した。イングランドではこの頃ようやくルネサンスを受け入れる素地が整ったのだ。

始めに必要なのは翻訳の作業だった。ギリシア・ローマ文明の諸々の知見を翻訳する必要があった。文芸，倫理，教育，政治，軍事科学，等々に関する書物は当然ながらギリシア語やラテン語で書かれていたからだ。しかし学者たちは翻訳に反対し，ギリシア語はともかく当時の国際語であるラテン語だけでも原語のまま理解するべきだという立場を取った。完璧な古典語で表現された抽象概念や思想を未熟で無骨な英語に翻訳するなど不可能に思われたのだ。神学や医学について英語で語るなどは無謀かつ危険な行為だった。

---

[3] 当時のグラマースクールは良家の子弟がラテン語の文法を学ぶ全寮制の学校だった。
[4] Kohnen: 127.

学者だけでなく一般の人々も，英語は翻訳の任に堪えないと思っていた。たとえば，ラテン語の祈祷文と聖歌を英語に翻訳してヘンリー八世に献上したリチャード・タバナーなる人物は，自分の英語訳を下劣，野蛮，等々と卑下した上で，ワインを水に変えてしまったと述べた。[5] 王に対する謙遜を差し引いても，文化の香り高い知的で雄弁なラテン語に対して粗野で舌足らずの英語というのは当時の一般的な見方ではあった。

しかし一方では英語を擁護する人々がいた。その中でもロンドンの学校の校長だったリチャード・マルカスター (1531?–1611) の次の言葉は英語史の文献でよく引用される。

> *I love Rome, but London better, I favor Italie, but England more, I honor the Latin,*[6] *but I worship the English.*
>
> (ローマを愛するがロンドンはもっと愛する，イタリアが好きだがイングランドはもっと好きだ，ラテン語を尊重するが英語は崇拝する。)

しっかり考えさえすれば，ラテン語で言えることは英語でも言えるはずだ。ラテン語の習得に時間を費やし縛られるのはやめよう。古代文明の宝を英語に置き換えよう。ラテン語の中に閉じ込められていては先人の知恵に触れられないではないか。マルカスターのこの言葉は多くの人の思いを代弁するものだった。

需要に応えるべく大量の翻訳本が出版され，印刷され，知識層に浸透した。中でも歴史書が特に役に立つとして人気を博した。しかし，翻訳者たちはすぐに語彙の不足という壁にぶつかった。古典語が伝える思想を英語では表せない。英語は明らかに力不足だった。それを実感した翻訳者たちは他言語からの借用に訴えた。こうして16世紀から17世紀初頭にかけて，ラテン語，ギリシア語，フランス語，イタリア語，スペイン語などから数千もの語が英語に入った。

他言語から耳慣れない奇妙な語を借用することについては反対する声も高

---

[5] Johnson: 167.

[6] 当時はこのように言語名に the を付けていた。

かった。英語の純粋さを守るためという理由もあったが，反対する主な理由は，それらの inkhorn term（インク壺言葉）が知ったかぶりで意味不明に思えたからだ。その一方で借用を擁護する人々は，借用こそが英語の語彙を豊かにする，借用語が無かったら何も語れない，と反論した。実際のところ，現実問題として借用語は反対論者にとっても必要だった。この論争は，インク壺言葉を過度に使うのは避けようという妥協案を皆が受け入れる形で一応の収束を見た。

ルネサンスと言語

イングランドのルネサンスを特徴づけたのは言語への関心だった。財を蓄えて高い社会的地位に上ってきた人々は，上流階級の人々の生活様式や服装だけでなく話し方をも模倣しようとした。言語への彼らの関心は高く，正しい言葉遣いというものが日常的に話題に上り，言語をテーマにした書き物が数多く出版された。

この頃には教育の普及によって中産階級の識字率が上がっており，特にロンドンの識字率は50％近くになっていた。パンフレットの類から分厚い本まで様々な出版物が発行され，1つの書物が千部，万部と印刷されて人々の間に浸透した。印刷術は，英語の綴り，語法，文法を統一するのに大いに貢献した。そんな中で人々は英語を今よりも表現力豊かな言語にしようと躍起になっていた。時代背景としては，アメリカ新大陸が発見され，コペルニクスが地動説を唱え，大航海時代が始まってイングランドも海外遠征に出ようという時だ。世界が変わる，そんな時代のエネルギーが，イングランドのルネサンスでは言語に向けられた。

シェイクスピアの演劇

ウィリアム・シェイクスピア（1564-1616），クリストファー・マーロウ（1564-93），ベン・ジョンソン（1572-1637）など当時の劇作家が英語に与えた影響は大きかった。演劇はイングランド・ルネサンスの中心にあった。特に喜劇は言葉遊びにあふれていた。登場人物は言葉の言い間違いを揶揄し合ったり，軽妙な口喧嘩を繰り広げたり，大仰で気取った表現を駆使して饒舌だった。文法より直感を優先して，名詞や形容詞でも構わず動詞として使い，形容詞を副詞として使うなど，ルネサンス演劇の言語は自由奔放で，何でもありの様相を呈していた。

シェイクスピアは 16 世紀末から 17 世紀初頭に多くの戯曲を書いて人気を博し，その中で使われた新奇な語が数多く定着して英語の語彙の増強に貢献した。言い回しの斬新さと語彙の豊富さは群を抜いていた。

『ヴェニスの商人』から引用してみよう。『ヴェニスの商人』はシェイクスピアがすでにロンドンの演劇界で押しも押されもせぬ流行作家になっていた 1597 年に書かれたと推測される。[7] 次の 2 例は，アントーニオの商船団が難破したと知らせる手紙を見てバサーニオが嘆く場面の台詞である。ただし当時まだ不統一だった綴りは，編集者の判断で，特に原綴りを残す必要の無い限り現代英語の綴りに修正されている。

BASSANIO **……** *O sweet Portia,*
Here are a few of the unpleasant'st words
That ever blotted paper. ……
［3 幕 2 場］

バサーニオ　…… ああポーシャ，
こんな無残な言葉が紙の上を汚したためしがあっただろうか。
［大場：147］

BASSANIO …… *Here is a letter, lady,*
The paper as the body of my friend,
And every word in it gaping wound
Issuing life-blood. ［3 幕 2 場］

バサーニオ　…… この手紙を見て下さい，
紙が僕の友人の体，書かれている文字の一つ一つが柘榴（ざくろ）の傷口，どくどくと命の血が流れ出ている。［大場：149］

どちらの例でも弁舌を振るって嘆きを表現している。また，多音節の *un-*

[7] 大場：xxi.

pleasant に -*st* を付けて最上級を作り，*The paper as the body …* の *as* は is like の意味で使っている。

次はクライマックスの法廷での，裁判官に変装したポーシャの台詞である。

PORTIA *Tarry a little; there is something else.*
This bond doth give thee here no jot of blood;
The words expressly are 'a pound of flesh'.
Take then thy bond, take thou thy pound of flesh;
But in the cutting it, if thou dost shed
One drop of Christian blood, thy lands and goods
Are, by the laws of Venice, confiscate
Unto the state of Venice. [4 幕 1 場]

ポーシャ　待て。まだ続きがある。
この証文では血は一滴も与えておらぬ。
文言は明確に「肉一ポンド」とある。
故をもって証文どおり，お前の受け取るべき肉一ポンドを取れ。
ただし切り取るに際しキリスト教徒の血を一雫(しずく)でも
流したとあっては，ヴェニスの法律によって
お前の土地，財産はすべてヴェニスの
国庫に没収される。 [大場：199–201]

tarry（待つ）[古語] は現代では wait と言うところだ。*no jot of blood* の *jot* は 1526 年に文献に初出している。シェイクスピアはこの新語を見逃さなかった。*in the cutting it* では動名詞 *cutting* に冠詞が付いている。これは当時まだ動名詞が派生名詞から分立していなかったことを示している。現代では in cutting it と言う。*confiscate* は過去分詞 *confiscated* の -*ed* が落ちたものである。これにより受動態が破綻してしまったが，作家としては単に落ちやすい音を落としただけのことであり，行頭の *are* との間に *by* 句が来て距離が生じているため，自動詞の体を成して意味が通じるから構わないのだろう。

この他にも，『ヴェニスの商人』だけ見ても，多くのエキゾチックな語が登場するだけでなく文法にも揺れが見える。たとえば，進行相の受動態であるべき文脈で能動態を使う（is being tossed に代わり is tossing），二重否定を使う，法助動詞が曖昧（can に代わり may，must に代わり shall，would have been に代わり had been），関係代名詞 which を *the which* と言う。語彙についても，フランス語系の語が食肉を表すという区別が緩く，flesh of sheep, oxen（羊や牛の肉）と言うべきところを *flesh of muttons, beefs*（羊肉や牛肉の肉）と言い，物質である肉を可算扱いして複数形にする，等々の例がある。

この作品以外でも，語彙に関して進取の気性に富んでいたシェイクスピアは，インク壺言葉も他のどんな新語も積極的に使った。たとえば agile（機敏な），catastrophe（破局），demonstrate（例示する），dire（不吉な），emphasis（強調），meditate（沈思熟考する）等々は，当時の新語だったものをシェイクスピアが使って英語に定着させた数多い語のごく一部である（☞ 第6章 表9）。

清教徒革命

この時代の大きな成果の一つは，ジェームズ一世[8]の命により欽定訳聖書（1611）が翻訳・編纂されたことだ。しかしこの立派な業績とは裏腹にジェームズ一世は素行が悪く，王権神授説を信じて議会を見下したため不人気だった。跡を継いだチャールズ一世も同様だった上に，宗教的にも清教徒と相容れなかったため議会と対立した。対立は清教徒革命（1642-52）と呼ばれる内戦にエスカレートした。この革命によりイングランドは共和制に移行して，1649年から1660年の間は王位が空白になるという事態が起きた。しかし共和制はうまく機能せず，オリヴァー・クロムウェル（1599-1658）の独裁政治に懲りた国民は1660年にチャールズ二世を迎えて王政復古を果たした。

その後，ロンドンはペストの流行（1665-67）と大火災（1666）に見舞われ

[8] イングランド王ジェームズ一世はスコットランド王ジェームズ六世でもあった（☞ 第3章 図1）。

る。ペストでは10万人が命を落とし，火災では13,000戸以上が破壊された。国王を処刑したから神が罰を下したのだと言う声も聞かれた。その処刑された国王チャールズ一世の息子であるチャールズ二世は妻がカトリック信者であり，自らも隠れカトリックだったのか，死の床でカトリックに改宗したと言われている。在位中にはカトリック復興のための策を講じた。あてが外れた議会は，チャールズ二世を含め5人のスチュワート家の国王を戴き見送った後，ドイツのハノーヴァー家からジョージ一世を迎えた。外国人で英語の話せない国王だったが，確実にプロテスタントであることが重要だった。

王立学会とフランシス・ベーコン

17世紀前半のイングランドは，議会と国王の対立，清教徒革命，チャールズ一世の処刑，共和制の施行，クロムウェルの独裁，王政復古によるチャールズ二世の即位という一連の出来事を経験し，大きく変貌しようとしていた。この後1688年には名誉革命が起きて立憲君主制に移行しようという時代だ。これらの出来事を総称してイギリス革命と呼ぶ。そのイギリス革命の混乱の真っただ中で，人々のエネルギーは英語による言論の形で爆発した。

言論の爆発は混乱を伴った。思いつくままの勝手な考えがパンフレットになって出回り，林立する新興宗教は大仰で意味不明な言葉でプロパガンダを展開した。占星術，錬金術，魔術に訴えて超自然現象を吹聴する出版物は不合理で曖昧なだけでなく危険でもあった。このような言論の混乱状態を問題視する人は多く，こうなると，ルネサンスの美徳とされた饒舌で洒落た言葉遣いも批判の的になった。多弁，大言壮語，情緒に訴えるだけの空虚なレトリック，何か言ったふりをするだけのメタファーが特に問題視された。それでも有効な解決策があるわけではなかった。

そんな中で，当時結成されたばかりの王立学会が声明を出した。王立学会は，科学を促進するために科学者たちが1660年に結成し，1662年にチャールズ二世の勅許を得て「自然知識を促進するためのロンドン王立学会」(The

Royal Society of London for Improving Natural Knowledge）として発足したもので，イングランドの著名な科学者が名を連ねていた。「王立学会」はその通称である。英語が科学の発展のための媒体になるには，今の混乱した状況を正し，英語を浄化する必要があった。彼らは言う。「科学者が使う言語は簡潔で明快で正直でなければならない。飾り言葉や情緒表現は無用だ。同意はレトリックの力ではなく証拠や論証の力によって得られる。したがって，自分が誤っている可能性は常にある。」

王立学会は，16世紀半ば以来ヨーロッパで始まっていた科学革命の波がイングランドに及んだことの表れだった。結成にあたっては，イングランドの経験主義哲学者フランシス・ベーコン（1561-1626）の思想を拠り所にした。

ベーコンは，ギリシア時代の哲学者アリストテレス（紀元前384-22）の三段論法で知られる演繹法を否定し，帰納法を提唱した。演繹法は，あらかじめ与えられた前提から出発して正しい結論に到達するための方法論であり，それによって正しい思考が可能になるとされる。しかし，あらかじめ与えられた前提とはいったい何なのか。どのようにして得られるのか。三段論法は，AとBが真であると仮定すればCが真になる，と述べるにすぎない。そのような命題Cを得ることにどんな価値があるのか。演繹法では真の知識を得ることはできない。「知識は力なり」と信じるベーコンは，ギリシア時代以来の演繹法を否定し，帰納法を提唱した。帰納法は，経験できる個別の事例をよく観察することから始めて，そこから一般論を導くという方法論である。1620年に，アリストテレスの『オルガノン』をもじって*Novum Organum*（新オルガノン）と名づけたラテン語の著書の中で自説を展開したベーコンは，経験と観察を重視したことから「経験論の父」と呼ばれている。

科学革命の波

ヨーロッパのルネサンスとしては後期にあたる1543年，ポーランドの天文学者ニコラウス・コペルニクス（1473-1543）が地動説を提唱した。[9] 古代の知識を再発見しようというルネサンスの活動をする中で，古代ギリシアで提唱され定説になっていた天動説を覆したのだ。その衝撃は大きく，後世になって「コペルニクス的転回」という表現が出来た。しかし当時，コペルニクスの地動説は異端視され，この説を信じ，その正しさを実験によって証明したイタリアの科学者ガリレオ・ガリレイ（1564-1642）は宗教裁判にかけられ軟禁された。晩年を軟禁状態で過ごし，失明しても研究と発明を続けたガリレオは，現在では「科学の父」と呼ばれている。

コペルニクスの地動説をきっかけに，数学，物理学，天文学，生物学，化学，等々が発達し，科学的方法論が探究された。この現象は16世紀半ばから1700年頃まで続き，科学革命と呼ばれている。先に述べたイングランドのベーコン，フランスの数学者で合理主義哲学者ルネ・デカルト（1596-1650），後述するイングランドの経験主義哲学者ジョン・ロック（1632-1704）も科学革命の一翼を担った。イングランドの物理学者アイザック・ニュートン（1642-1727）が万有引力の法則を提唱した1687年に最盛期を迎えた科学革命は，2000年にわたって世界を支配したギリシア時代の世界観を覆したという意味でまさに革命だった。

科学革命はルネサンスの中から生まれたものだが，20世紀にはルネサンスと区別して科学革命と呼ばれるようになった。ルネサンスが中世的価値観から脱却するため古代文明に範を求めて人間性を高めたのに対して，科学革命は古代の世界観を結果的に否定して知の新境地を開拓した。このように異質な現象は別々の名称で呼ぶのが相応しい。

ジョン・ロックの世界観

ジョン・ロックの *An Essay Concerning Human Understanding*（1690）（これ以降『知性論』）は，ルネサンスで人々の知的欲求が最高潮に達し，識字

---

[9] 地動説は紀元前3世紀にアリスタルコスがすでに見越していたが，当時は出る幕が無かった。中山：84.

率が上がり，科学的精神が高揚した最高のタイミングで出版された。ラテン語でもフランス語でもなく英語で書かれたロックの『知性論』は発売当初から爆発的な人気を博し，大ベストセラーになった。新大陸アメリカでも読まれた。

『知性論』は，人の知性は貧弱で，知識の及ぶ範囲はごく限られていて，たいていの場合，人が知識と思っているものは意見にすぎない，と言う。人間性を謳歌したルネサンスの熱気に水をかけるような態度が表明されたわけだが，時代はロックの科学的厳密さを受け入れた。人々は，検証可能で客観的な事実を重要視して，そのような事実の前で謙虚であることを学んだ。

この難解な哲学書の主要な読者は社会の上層を占める知識層だった。昔から言語の運命を左右するのは上流階級だった。彼らは『知性論』に魅了され，多くの書物で取り上げて話題にした。識字能力の十分でない一般の人々も，当時の向上心あふれる精神風土の中でロックの思想に触れ，自分なりの理解の仕方で受け止めた。こうしてロックの精神はイングランドの文化に浸透し，発達の途上にあった現代英語の性格を決定づけた。実際に，語彙だけ見ても，科学革命以前にあたるシェイクスピアの英語には accurate（正確な），accuracy（正確さ），precision（精密さ）という語は見られず，そのような概念自体が不在だったことを物語る。その一方で現代英語は probably（多分），possibly（もしかすると），seemingly（見たところ）など言い切りを避ける表現を多用する。[10] 正確でありたいという精神がイングランドに根づいたことの表れだ。

識字率については，何をもって識字能力とするかで調査の結果が違ってくるが，イングランド全体で書物を読み文章が書ける人は，1500年には男性10%，女性1%，16世紀半ばには男性20%，女性5%，17世紀半ばには男性30%，女性10%だった。[11] 識字能力は地域，階級，性別によって差があり，ロンドンだけを見ると17世紀半ばには男性の50%近くが書物を読み文

[10] Wierzbicka: 31, 247.
[11] Kohnen: 126, Johnson: 167.

章を書くことができた。[12]『知性論』が出た17世紀末にはさらに上がっていたと推測できる。また，なんとか文字が読めて自分の名前が書けるというレベルの識字能力はと言えば，17世紀末のロンドンでは大半の人がこのレベルに達していた。[13]

『知性論』に話を戻そう。ロックは言う。「生まれた時，人の精神 (mind) は白紙の状態だが，五感が外界からの刺激を感知して精神に伝えることで単純観念が生じる。それは，黄色い，白い，熱い，冷たい，柔らかい，硬い，苦い，甘いなどの観念である。ただし初めから名前が付いているわけではないし，多くの単純観念が名づけられないまま存在する。その後，精神が自らの内なる動きに気づく。つまり内省が働く。内省によって別の単純観念が生じる。それは，感じる，思う，疑う，信じる，推論する，知る，意思を持つなどの観念である。単純観念はすべて実在的で真である。

精神は次に，単純観念を合わせたり並べたり抽象化したりして複雑観念を獲得する。複雑観念には虚構が忍び込む可能性がある。人の精神は，その能動性ゆえに，たとえば半人半馬のケンタウルスなど非実在的な複雑観念をいくらでも作り出せてしまう。そんなものに名前を付けても実体を知ることはできない。「人間」も複雑観念だ。こちらは実体があるが，人間とは何か，何がどうなったら人間でなくなるのか，誰も分かってはいない。

我々は実在的な真実を知って知識を拡大したい。しかし結局のところ，確実な知識は単純観念に関することだけだ。たとえば，白は黒でない，円は三角形でない，3は2より多く1+2に等しい，といったことである。また，ある観念が自分の内に存在すると知ることも確実な知識である。

我々の知識は狭小で，無知は無限に広い。我々には五感と内省しか知識の入り口が無い上に，五感と内省の及ぶ範囲は狭い。宇宙の他の場所には，我々の五感と内省をはるかに凌駕する，感覚の数が5より多い，あるいは五感とは異なる感覚や内省とは異なる能力を備えた生物がいて，我々の思いもつかない洞察力をもって自然界の構造を看破するかもしれない。創造主の

---

[12] Johnson: 167.
[13] Harrison: 165.

無限の力と愛を思うと，人間などは宇宙の知的生命体の中で最も下等で無知なものと思って間違いない。

我々は宇宙が生み出す結果だけを目にして日々を送っている。馴染み深いセージや毒ニンジンについても，その効能や毒性が生じる構造を知らないまま結果だけを受け取り，構造については推測するのみだ。このような有様では，普通の会話はできても科学的な知識を得ることはできない。

真の知識が得られない時に人が指針とするのは，ある命題が真実でありそうだということ，つまり蓋然性だ。人は蓋然性という薄暗がりの中を模索しながら生きる運命にある。蓋然性を判断するには，当該の命題が自分自身の知識や経験と合致するか，あるいは他人が彼らの知識や経験と合致すると証言するかを考慮する。他人の証言によって判断する場合は，証言者の人数，人間性，専門性，証言の無矛盾性と整合性，反対意見の有無といった要因も考慮するべきだ。

どちらの判断基準を取るにしても，人は皆，蓋然性に基づいて得た結論を，自分で発見した 1 つの真実として記憶し，その後はこれを自らの意見として信奉する。このような状況では，意見の多様性を容認することが人類の平和と友好のために望ましい。」

以上，実在，知識，蓋然性，意見を中心に，哲学者らしく苦悩するロックの言葉を要約した。[14] 蓋然性に関して述べる件では，現代で言う verification（検証）の概念を具体的に考察しているのが新鮮だ。『知性論』にはこの他に，観念の名前など言語の記号性に着目した鋭い洞察があるが，ここでは割愛した。

ロックに代表される科学革命の精神はイングランドの文化に浸透し，200 年後には現代英語となって結実する。それは 18 世紀と 19 世紀の知識層を中心とする人々の，その時代なりの，母語への愛情と努力の結果でもあった。

---

[14] Locke: 104–63, 373–667，宗宮 2018: 128–37.

規範主義の時代

18世紀の前半，人々は17世紀の科学的合理主義を引き継いで，英語という言語にも合理性と秩序を求めた。ところが当時の英語の実情は秩序や安定からはほど遠く，知識層の間でも用法が不統一だった。ラテン語には文法があって何が正しく何が誤りか分かるのに英語には文法らしきものが無い，と嘆く知識人たちは英語の改革に乗り出した。彼らは正しい用法を確立し，欠点を補って改善し，その望ましい標準英語を固定しようとした。

このような規範主義者の中でも『ガリヴァー旅行記』で知られるジョナサン・スウィフト（1667–1745）は特に強硬だった。政治的，宗教的に権威主義を信奉し保守的だったスウィフトは，エリザベス一世（在位1558–1603）の時代をイングランドの黄金時代と考えていた。この時代には英語も改善したが1642年の清教徒革命という「反逆」で黄金時代は終焉を迎え英語も堕落の一途を辿ることになった，と考えるスウィフトは，多音節の語を刈り込んでreputation（評判）を *rep*，ultimate（終局の）を *ult* としたり，語尾を短縮して disturbed（乱した）を *disturb'd*，rebuked（叱責した）を *rebuk'd* としたりする習慣を批判した。sham（偽物），banter（冗談），mob（群衆）など流行りの新語を使うことにも反対した。

スウィフトの他にも英語を標準化し洗練し固定しようと考える知識人は多く，彼らの間ではイタリアのクルスカ学会やフランスのアカデミー・フランセーズに倣って英語アカデミーを設立しようとする動きが断続的に続いていた。1664年には王立学会が，英語を改善するための委員会を立ち上げることを提案した。王立学会は科学を促進するために設立された学会だったが，英語の改善は科学や哲学のためにも重要だと考えた。こうして始まった委員会には多くの著名人が名を連ね，文法書の編纂，綴りの改正，辞書の編纂，ギリシア・ラテン文学の翻訳，近代の外国語文学の翻訳が企画に上った。特に辞書は，すべての正当な英単語とその派生形，術語，外来語，方言，古語を含むべきとされた。

実際には，委員会は数回開かれただけで何の進展も見られなかった。構想があまりにも広大すぎたし，結局のところ王立学会にとって言語は大した関心事ではなかったのだ。それでもアカデミー設立の動きが止むことはなかった。

1712年，スウィフトは*A proposal for Correcting, Improving, and Ascertaining the English Tongue*（英語を訂正，改善，確立するための提案書）を出版してアカデミーの必要性を主張した。多くの著名人がこれに賛同した。しかし，歴史家でスウィフトの政敵だったジョン・オールドミクソン（1673-1742）が35頁に及ぶ文書を出版してスウィフトを批判した。彼はアカデミーの構想を是認していたが，この文書ではアカデミーとも言語とも関係なく，ひたすらスウィフトを個人攻撃した。ホイッグ党の名にかけてスウィフトの行うすべてのことに反対する，という調子だった。結局，スウィフトの提案は頓挫した。

この出来事の後は，もう誰もアカデミー設立に本気で取り組もうとしなくなった。スウィフトにできなかったことは他の誰にもできまい，と感じられたのだ。また，アカデミーに疑いを抱く人も増えていた。理由の1つは，アカデミー・フランセーズがフランス語の変化を止められなかったことだ。良くするどころか悪くしたと言う声も聞かれた。

そんな時，サミュエル・ジョンソン（1709-84）が*A Dictionary of the English Language*（1755）（英語辞典）を出版した。2巻本となったジョンソンの辞書は，前例を見ないほど豊富な語彙を収録し，統一的で標準となる綴りを提供し，数千もの用例を収集した，当時としては画期的なものであり，綴りや語法の標準化に大きく貢献した。その辞書の序文でジョンソンはこう述べた。「人は誰でも，生まれ，ある程度の時間を生き，老いて死ぬ。何世紀も繰り返されてきたことだ。寿命を千年に延ばす霊薬があるなどと言われても誰も信じないだろう。言語も同じだ。言語が変わるのを辞書で食い止めようと考える辞書編集者など笑い種だ。」

ジョンソンのこの言葉が決定打になって，英語を固定しようという考えは影を潜めた。それにしても科学革命の洗礼を受けた知識人の多くが，18世紀になっても，生きた言語の変化や盛衰に思い至らず，言語を固定できると思っていたのだ。

言語の固定を放念したとはいえ，規範主義の態度はこの後も長く続く。

ジョンソン自身も規範主義の伝統の中にいた。ジョンソンは言う。「人間の不完全さゆえに言語には変則が付きまとう。変則は不都合で不要なものだが，許容しなければならない。また，言語には不道徳な表現や馬鹿げた表現もあり，辞書編集者はこれを訂正したり禁止したりしなければならない。」

この言は，言語をありのままの姿で捉え，言語表現について善悪や優劣の価値判断をしないという現代の記述主義とは相容れない態度を表している。だがそれも，正確さを熱望した時代の産物であり，現代へと続く旅の一里塚だった。

18 世紀後半には，時代が必要としていた辞書以外のもう 1 つのもの，すなわち英語母語話者のための文法書が次々と出版された。文法書の類はすでに 16 世紀から存在したが，それらは外国人に英語を教えるため，あるいはラテン語文法を学ぶための準備編といったものだった。英文法そのものが関心の対象になったのは 18 世紀後半のことだった。その英文法もまた辞書と同様に，規範主義の伝統の中で執筆され教授された。19 世紀には「伝統文法」と総称される本格的な英語学研究が始まったが，研究者たちは規範主義の態度を踏襲していた。

アメリカ大陸の植民地

イングランド国内が激しく揺れ動いていた頃，世界は 15 世紀半ばから大航海時代に入っていた。1492 年にクリストファー・コロンブス（1446?–1506）がアメリカ大陸に到達すると，イングランド王国も精力的にアメリカの植民地化に乗り出した。1607 年にはヴァージニア州東部のジェームズタウンに最初の移民団が到着した。その後も次々と植民地が作られたが，1775 年に独立戦争が勃発した。戦争の最中の 1776 年，独立宣言が出された。戦争は 1783 年に終結し，イギリス（この時の正式名称はグレートブリテン王国）から独立したアメリカは憲法を制定した。アメリカ合衆国憲法は，独立 13 州のうち 9 州が批准した 1788 年 6 月の時点で発効し，その後 1790 年には 13 州の最後にロードアイランドが批准した。

1607 年からこの 1790 年までを移民第 1 期とすれば，第 1 期には約 400

万人が移住し，その95%がアパラチア山脈の東側に定住した。この時期の移民の90%はブリテン島からの移住だった。

当時の13の植民地を3つの地方に分けて順に見ると，ニューイングランド地方では，1620年に清教徒のピルグリム・ファーザーズを乗せたメイフラワー号が**マサチューセッツ**州プリマスに到着した。開拓はプリマスから始まり南北に延びた。マサチューセッツの北側にあった**ニューハンプシャー**ではネイティヴ・アメリカンの抵抗が激しく，入植に時間がかかった。南側の**ロードアイランド**と**コネチカット**は速やかに入植できた。

当時，本国イングランド南東部のイースト・アングリアには清教徒が多く，彼らの多くがニューイングランド地方に移住した。1700年以前に来た入植者の3分の2はイングランド南部，特に南東部の出身だった。

次に，中部大西洋沿岸地方にある**ニューヨーク**州は1614年にオランダによる開拓が始まったが，入植の規模は小さかった。1664年にイングランドが奪取した時のニューヨーク州の人口は約1万人にすぎず，その1万人にはイングランド人も含まれていた。ニューヨーク市はと言えば，当時は単なる小都市にすぎなかったが，当時から様々な国籍の商人や貿易商が住んで国際色豊かではあった。**ニュージャージー**はニューイングランド地方の延長のような位置にあり，入植者はイングランド人一色だったが，イングランド北部と北中部からの移民も含まれていた。**ペンシルヴァニア**は，南部や北部からのイングランド人，ウェールズ人，スコッツ・アイリッシュ人，ドイツ人などが居住して多彩だった。1683年にはドイツ村が承認され，その後も宗教的迫害を逃れて多くのドイツ人が移住したため，彼らが住む地域はペンシルヴァニア・ダッチ地域と呼ばれるようになった。「ダッチ」はDeutsh（ドイツ人の）の訛った形である。**デラウェア**には，ニュージャージー，ペンシルヴァニアと同様にイングランド北部と北中部からの移民が入っていた。**メリーランド**では初期にイングランドのカトリック教徒たちの入植が進められたが，その後は様々な移住者が多くやってきた。

第3の南部大西洋沿岸地方の中核は**ヴァージニア**で，1607年の入植以来ジェームズタウンはイングランド各地から様々な事情を抱え未来に希望を託す人々を惹きつけていた。入植者の2分の1以上がイングランド南部，特に南東部の出身だった。その中には政治的避難民，共和制時代の軍人，強制移送された服役囚，年期奉公人などがいたが，清教徒も多くいた。ヴァージニアの南にある**ノース・カロライナ**，**サウス・カロライナ**にはイングランド人だけでなくフランス人も多く入植していた。**ジョージア**は入植が 1732 年と遅れたため，人口が少なかった。このジョージアと，ヴァージニアの辺境地帯，北と南のカロライナには，ペンシルヴァニアから移ってきたスコッツ・アイリッシュ人やドイツ人も住んでいた。

ここで R. Blome なる人物の 1673 年の文章から当時の植民地の様子を見てみよう。[15] 書記法，句読法，語法に現在と異なる部分があり斜体の使い方も不統一だが，内容を理解する分には支障が無い。引用を略した部分を＊＊で示し，現代の綴りを［　］で付した。

> *NEW-ENGLAND*, … The *air* is here found very agreeable to *English*, which induces them to possess divers [diverse] potent Colonies … The country is well watered with *Rivers*, the chief amongst which are ＊＊. And in these, as also in the Sea, are taken excellent *fish*, as *Codd* [cod], ＊＊, *Hadock* [haddock], *Salmons*, *Herrings*, *Mackrill* [mackerel], *Oysters*, *Lobsters*, *Crab-fish*, *Tortoise*, ＊＊, *Eels*, ＊＊, *Sharks*, *Seals*, ＊＊, *Whales*, with sundry other sorts.
>
> Here are great variety of Fowls, as *Pheasants*, *Partridges*, ＊＊, *Turks* [turkeys], ＊＊, *Geese*, *Ducks*, ＊＊, *Cranes*, *Cormorants*, *Swans*, ＊＊, with abundance of others too tedious to name. . . Their *Wild-beasts* of chief note, are *Lyons* [lions], *Bears*, *Foxes*, *Rackoons* [raccoons], *Mooses*, ＊＊, *Otters*, *Bevers*, *Deer*, *Hares*, ＊＊, and for Tame, *Cows*, *Sheep*, *Goats*, *Swine*, and *Horses* … Here are sundry sorts of *Trees*, as the *Oak*, *Cyprus* [cypress], *Pine*, *Cedar*, *Firr* [fir], ＊＊, *Maple*, *Birch*, ＊＊, and for *Fruit-trees*, the *Apple*, *Pear*, *Plumb*, *Walnut*,

[15] Görlach: 393–95.

Chestnut, …

The *English* now here inhabiting, are very numerous and powerful; They are governed by *Laws* of their own making; have their several *Courts of Judicature*, and assemble together at their set times and places, as well for the making of new *Laws*, abolishment of old [old ones], hearing and determining of Causes, as for the electing of a *Governour* [governor], *Deputy-Governour*, *Assistants*, *Burgesses*, and other *Magistrates*; every *Town* having two *Burgesses*, and each County annually electing such like *Officers*, for the looking after [after of] the affairs in the said *Colony*. And in matters that concern *Religion* and *Church Government*, they are very strict, and make a great shew [show], being much of the stamp of the rigid *Presbyterians*.

Here are several *Towns* of good account, the chief amongst which are [is] *Boston* the Metropolis, seated very commodious for *traffick* [traffic] on the *Sea-shoar* [shore]; at present a very large and spacious *Town*, or rather *City*, composed of several well-ordered *Streets*, and graced with fair and beautiful *Houses*, which are well inhabited by *Merchants* and *Trades-men*, ＊＊.

NEW-YORK, adjoyning [adjoining] to *New-England* Southwards, … It is also possessed by divers [diverse] sorts of *people*, not much unlike the *Indians* in *Virginia*, *Mary-land*, and the other parts, & are well proportionate, stout, swarthy, black hair'd [haired], which they wear exceeding [exceedingly] long, they are expert at their *bow* and *arrows*, which is their chief weapon of *war*, they are of a ready wit, and apt to receive instructions; …

ニューイングランド。当地の空気はイングランド人によく合い，強力な植民地を幾つも所有したくなる。水は＊＊などの川から十分に得られる。川や海には魚が多い。タラ，＊＊，コダラ，サケ，ニシン，サバ，カキ，ロブスター，カニ，カメ，＊＊，ウナギ，サメ，アザラシ，＊＊，クジラ，等々だ。

鳥の種類も実に多い。キジ，ウズラ，＊＊，七面鳥，ガチョウ，カモ，＊＊，ツル，ウ，ハクチョウ，＊＊，その他おびただしい数に上るが煩雑なので省略する。主な野獣は，ライオン，熊，キツネ，アライグマ，ヘラジカ，＊＊，カワウソ，ビーバー，鹿，野ウサギ，そして家畜は，牛，羊，ヤギ，豚，馬である。当地には多種多様な樹木もあり，樫，イトスギ，松，杉，モミ，＊＊，カエデ，カバ，＊＊，等々，そして果樹はリンゴ，梨，プラム，クルミ，栗がある。

当地に住むイングランド人は人数が多く力強い。自分たちで作った法律に従って暮らし，裁判所を数ヶ所持っている。決まった時間と場所に集まって，新しい法律を作り，古いものを破棄し，訴訟を聴いて決定を下し，総督，副総督，補佐役，議員，その他の執政官を選ぶ。議員は１つの町に２人ずついる。各州で毎年これらの役人を選び，当該植民地の諸事万端を取り仕切らせる。宗教や教会の管理に関しては非常に厳密で，大変な騒動になる。厳格な長老派気質のためだ。

当地には重要な町が幾つかある。その主たるものが大都市ボストンで，海浜交通の要所に位置している。非常に広大な町，と言うよりは都市であり，秩序だった街路が数本あって美しい家々が建ち並び，商人や貿易商，＊＊が居住している。

ニューヨークはニューイングランドの南に隣接している。ここには異人種の人間も住み着いている。彼らはヴァージニアやメリーランドやその他の土地のインディアンとあまり変わらない。均整のとれた体つきで，がっしりして，皮膚は浅黒く，黒い髪を非常に長く垂らしている。弓矢の術に長けていて，戦いの主な武器にしている。明敏で，指示をよく理解する。

その後，植民地は南部や北西部に拡大し，太平洋側まで到達した。南北戦争が終結した1860年までを移民第２期とすれば，第２期には，1845年から49年まで続いたアイルランドのジャガイモ飢饉から逃れて来たアイルランド人と，1848年に始まり51年に失敗に終わったドイツの三月革命から逃れて来たドイツ人が移民の大半を占めた。ドイツ人の多くはシンシナティ，ミルウォーキー，セント・ルイスなどの都会に住んだり，中西部で農業に従事したりした。この第２期まではブリテン島と北ヨーロッパからの移民が75％から90％を占めていた。

1890年以降の第3期には，毎年100万人の移民が許可されるうちの75%近くを南ヨーロッパやスラブ諸国からの移民が占めた。イタリアだけでも第一次世界大戦直前には年に30万人が移住した。20世紀半ばからはメキシコ，プエルトリコなどからヒスパニックと呼ばれる人々が合法的あるいは非合法的に移住している。

また，これらの移民とは全く別の出来事として，17世紀に始まった奴隷貿易で強制的に移民させられたアフリカ人がいた。その子孫を含めて現在4,700万人のアフリカ系アメリカ人がアメリカ合衆国に住んでいる。

イギリスはアメリカ以外にも植民地を精力的に拡大した。ヴァスコ・ダ・ガマ（1460–1524）が1498年にインドに到着すると，インドとの貿易を行う国際競争に加わり，1600年に東インド会社を設立した。これを足掛かりにして，マドラス，ボンベイ，コルタカに居留地を作り，やがて広大な植民地を獲得した。

1768年，イギリス政府は王立学会の請願に応じて，金星が太陽面を通過する現象を観察するための探検隊を南太平洋に送った。キャプテンのジェームズ・クック（1728–79）は与えられた3年の間に，天文学の観察を終え，海軍から受けていた密命に従って島々を探検し，1770年にオーストラリアに到着した。クックは即座にイギリス国旗を立ててイギリス領であることを示し，政府は即座に開拓を始めた。アメリカ合衆国が独立を果たしたことで囚人の送り先に窮していたイギリス政府は，オーストラリアを代替地にした。羊の牧畜でも収益を得ることができた。

19世紀からはアフリカの植民地化が本格化する。

☆16世紀初頭から17世紀初頭のイングランド・ルネサンスの間に語彙が爆発的に増えた。文法や綴りは標準化されておらず，人々は自由に言葉遊びを楽しんだ。

☆ヨーロッパで16世紀半ばに始まった科学革命が17世紀半ばにイングランドに波及し，人々は合理的な思考法に触れた。

☆ジョン・ロックが『知性論』（1690）で人の知識の不確実さを説き，

人々は慎重かつ正確に思考し言表することの必要性を知った。

☆18 世紀には本格的な辞書や英文法書が出版され，英語の標準化が進んだ。

☆17 世紀から 18 世紀にかけて，英語の外面史にアメリカが関わるようになった。

第6章　近代英語

歴史言語学では一般的に1500年から1900年までを近代英語期とし，そのうち1700年までを初期近代英語期，それ以降を後期近代英語期としている。これらの区切りは，1476年の印刷術導入，1707年のグレートブリテン王国成立（☞第1章），1914年の第一次世界大戦勃発を目安としている。だがノルマン征服や印刷術導入など言語と直接的な関わりのある出来事を除いては，言語の外面史と内面史は必ずしも相関しない。

言語学で近代英語を初期と後期に区切る本当の理由は，1700年までに発音と綴りが標準化され，品詞の改編が終結し，語順が安定したことにある。しかし当時，冠詞や法助動詞は依然として用法が不安定だった。時制と相の体系も変化の最中にあった。文法の全体像が整うのは1800年以降のことである。そこで本章では，近代英語期を特に初期と後期に区切らず，○○年，○○世紀として説明する。

大母音推移

1350年から1700年までの間に，英語では長母音の発音法が構造的に変化した。この現象を**大母音推移**と呼ぶ。この変化は印刷術の導入によって綴りが安定した後に起きたため，近代英語以降は発音と綴りが乖離することになった。

始まりは，長母音 [iː] と [uː] が，各々，[əɪ] と [əʊ] という二重母音に変わったことだ。[iː] と [uː] の前に曖昧母音 [ə] を発音するようになったのが原因である。なぜ [ə] を入れたのかと言えば，英語の復権に伴って英語に戻ってきた上流階級の人々が庶民との違いを示すために少し変わった発音をし始めたから，と考えられる。強勢の置かれる長母音は目立つため，違いを見せるには都合が良かった。

次には連鎖反応で，[e:] が [i:] に，[ɛ:] が [e:] に，[a:] が [ɛ:] に，等々，調音点が 1 段階ずつ上がった。すなわち，[i:] の調音点が使われなくなると，人は [e:] を発する時に [ɛ:] と差異化しようとして [i:] に近い発音をし始める。その結果，[e:] の調音点つまり守備範囲が上方修正される。次に，[ɛ:] を発音する時には [a:] と差異化しようとして，空いた空間へと調音点を上方修正する。このプロセスが前母音と後母音の両方で連続的に起きた。

図 1 は口腔内の長母音の調音点を図式化して発音の推移を示したものである。[i:] の位置が顔の前方で口腔の上方，[u:] が顔の後方で口腔の上方である。[i:] と [u:] を発音する時には舌の緊張が最大になる。

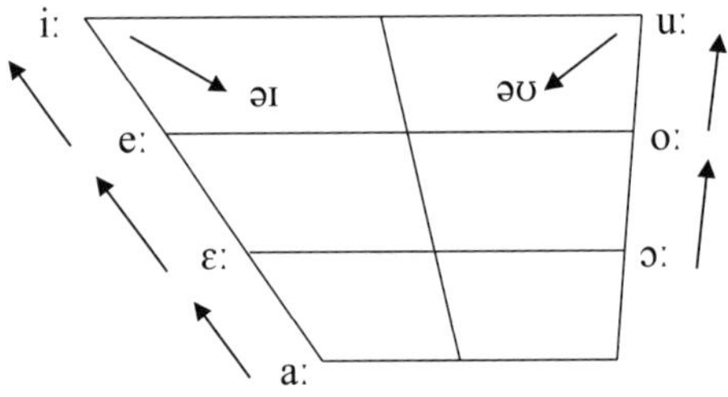

図 1：大母音推移

これらの長母音の多くはさらに変化して現代英語に至っている。表 1 で示す。

表 1：長母音の発音の推移

中英語		近代英語（大母音推移の後）		現代英語	例
[iː]	⇒	[əɪ]	⇒	[aɪ]	child, cry, fine, kind, life, lion, price
[uː]	⇒	[əʊ]	⇒	[aʊ]	how, mouse, out, pound, spouse, town
[eː]	⇒	[iː]			cheese, feet, meet, people, tree
[oː]	⇒	[uː]			cool, fool, mood, noon, pool
[ɛː]	⇒	[eː]	⇒	[iː]	clean, dream, heat, meat, peace
[ɔː]	⇒	[oː]	⇒	[oʊ]	alone, boat, hole, home, smoke
[aː]	⇒	[ɛː]	⇒	[eɪ]	cake, face, game, gate, place

一方，短母音は比較的に安定していた。とは言っても，英語の綴りと発音の関係は規則で説明のつかない場合が多い。語はそれぞれに長い歴史を持っているからである。

名詞

ここからは文法について述べる。**名詞**は，18 世紀までに現代英語と同じシンプルな体系に至った。なお，表 2 を含めこれ以降は，現代英語でも用いられている形式を立体で示し，廃れた形式を斜体で示す。ただし，原文の引用は常に斜体とする。著書や辞書の名称もこれまでと同様に斜体で示す。

表 2：名詞の屈折（近代英語）

	stone		gift		ship	
	単数	複数	単数	複数	単数	複数
主格	stone	stones	gift	gifts	ship	ships
与格 / 対格	stone	stones	gift	gifts	ship	ships
属格	stone's	stones'	gift's	gifts'	ship's	ships'

近代英語期に移行した当初は，所有を①属格を用いた *Caesars Funerall* (Caesar's funeral)，② of を用いた *the Funerall of Caesar*，③人称代名詞の

属格を用いた *Caesar his Funerall* のどれかで表していた。アポストロフィは付けなかった。the King of England など名詞句自体が長い場合は，④名詞句を分離して *the Kings daughter of England* などと言っていた。

その後，16 世紀に，名詞句全体を属格標示する**グループ属格**という語法が登場し，速やかに波及した。*the King of Englands daughter* などがその例である。of 句の浸透と共に the King of England が 1 つの単位と感じられるようになり，これに先の手法①を適用した形である。シェイクスピアではこのグループ属格と従来の分離表現の両方が見られるが，グループ属格の方が多い。

属格に**アポストロフィ**を付ける習慣は 17 世紀に単数形から始まり，18 世紀に複数形にまで広がった。これと並行して，属格の代わりに of 句がよく用いられるようになった。

複数語尾 -s は，中英語の複数語尾 *-es* [əz] の曖昧母音 [ə] が 15 世紀から 17 世紀の間に脱落し，綴りも -s になったものである。複数語尾 -en を用いた *brethren*，*eyen*，*housen* などは -s に統一されたが，oxen は残った。他に母音変異型の複数形 men，mice なども残った。

中英語の *-es* は元来，古英語の男性名詞複数形の語尾 *-as* だった。中英語で，性の消失に伴って *-es* は徐々に女性名詞や中性名詞にも浸透した。しかし中性名詞だった swine，deer，sheep などは取り残され，近代英語期になっても複数形に -s が付かないまま現在に至っている。

文法の改編が進んだ近代英語期には，新生への動きも見られた。たとえば，シェイクスピアやジョン・ミルトン（1608-74）が物質の hair と具象物の 1 本の a hair を区別したことから**可算名詞**と**不可算名詞**が区別されるようになった。この影響で，fowl，fish，salmon，trout など鳥や魚の集合を不可算と見て -s を付けない習慣が出来た。しかし，当時は learning（学識，学問）を *those learnings*，money を *moneys* と可算扱いするなど，現代英語とは可算の基準が違っていたことが窺われる。

シェイクスピアから hair の例を引用する。

*... she hath more **hair** than wit, and more faults than **hairs**, and more wealth than faults.* 『ヴェローナの二紳士』3.1

（彼女は頭脳より頭髪が多く，頭髪より欠点が多く，欠点よりも財産が多い。）

次はミルトンの劇詩『闘士サムソン』からの引用である。

*Feigndst at thy birth was giv'n thee in thy **hair**,*
*Where strength can least abide, though all thy **hairs***
Were bristles rang'd like those that ridge the back
Of chaf't wild Boars, or ruffle'd Porcupines.

［*Samson Agonistes* 第 1135-6 行］

（お前はその怪力を生まれながら髪の毛の中に
神から授かったとうそぶくが，そんな所に怪力が
宿るはずがない，たとえお前の髪が一本残らず
苛立った猪か，毛を逆立てたヤマアラシの
背に波立つ剛毛のように生え揃っていようとも。）［佐野：84-5］

さて，近代英語期には派生名詞を巡って大きな動きがあった。動詞に -ing を付けて女性抽象名詞を形成する方法は古英語期から続いていた。たとえば *the feeding of the sheep* の feeding は定冠詞と of 句が付いていることから確実に名詞である。ところが中英語の末期に，この派生名詞に動詞の機能を兼ねさせる用法が見られるようになった。**動名詞**の誕生である。派生名詞と動名詞は見分け難く，*in magnifying of his name*（彼の名声を高めて）などと言った。これは名詞用法と動名詞用法のミックスである。近代英語期にはこの類の文が頻繁に作られるようになり，17 世紀末になっても次のような例が見られた。

And for the more effectual preventing the Exportation of such ...

（このような...の輸出をより効果的に阻止するために）

... the root of al the Cure is the wel purging of the body, whereby ...

（あらゆる治療の根本は体をよく清めることで，......）

このうち第1例では名詞用法の preventing が間違って対格目的語 *the Exportation* を取っている。ここには of が必要だ。あるいは動名詞用法であるはずの preventing に定冠詞 the と形容詞句 more effectual が間違って付いたとも言える。第2例では名詞 purging を副詞 *wel*（well）が修飾するという誤りが起きている。

この混乱が収まり派生名詞と動名詞が明確に分立するのは18世紀のことだった。

代名詞・冠詞・数詞

近代英語の**人称代名詞** 2人称は中英語から形式を引き継いだが，やがて大きく単純化する。1人称と3人称はすでに現代英語とほぼ同じになっていた。表3で，網掛けは17世紀のうちに廃れるものを示す。

表3：人称代名詞の屈折（近代英語）

	1人称		2人称		3人称			
	単数	複数	単数	複数	単数			複数
					男性	女性	中性	
主格	I	we	*thou*	*ye*/you	he	she	it/'t	they
対格	me	us	*thee*	you	him	her	it/*hit*	them/'em
属格	my/*mine*	our(*s*)	*thy/thine*	your(*s*)	his	her/*hers*	*his*/its	their(*s*)
与格	me	us	*thee*	you	him	her	it/*hit*	them/'em

2人称複数 *ye* は17世紀に廃れ，これによって主格，対格，与格が you として同形になった。また，この2人称複数形 you，your(s) は，敬称として多用されるうちに意味が擦り切れて普通に感じられるようになった。これにより存在意義の無くなった単数形 *thou* の系列は17世紀末までに廃れて，宗教的な文脈でのみ使われる程度になった。

1人称属格 mine は母音の前で用いられ，my はその他の文脈で用いられた。mine は，属格としては17世紀に廃れたが，… of mine, … is mine の形で所有代名詞として使用され続けた。他の人称についても同様である。

シェイクスピアも『尺には尺を』で *Giue me your hand, and say you will be* ***mine***［5 幕 1 場］と言っている。この mine に倣って *hisn*, *hern* を 3 人称に使う方言が南部で見られ，文法学者たちの批判の的になっていたが，結局は名詞の属格 -'s に用いる -s を付けた his, hers などが主流になった。

3 人称中性単数の属格は古英語以来 *his* だったが，1598 年に **its** が文献に初出し，1600 年代半ばまでに全土に普及した。これは 3 人称男性単数属格との差異化，すなわち人間と非人間の区別をするようになったという画期的な出来事だった。ルネサンスという時代のヒューマニズムの成せる業か，中英語で自然性に基づく性標示に切り換えたことの結果か，あるいは両者の相乗効果によるものであろう。

17 世紀には同様のことが関係代名詞でも起きた。人間を先行詞とする関係代名詞 **who** の使用が浸透したのだ。これについては「文の構造」の件で述べる。

表 3 には記載していないが，16 世紀には**再帰代名詞**が発達した。中英語の *þouself*（you［主格］+ self）などは強調の副詞的用法だったが，近代英語の yourself などは動詞や前置詞の目的語として用いられて，主語と目的語の指示対象が同じであることを表した。

形式は当初，「目的語 + self」の *meself*, himself,「限定詞 + self」の myself, *hisself* などが混在したが，早々に淘汰されて現在の形に落ち着いた。複数形 ourselves, yourselves なども出来た。ただし *my self*, *our selues* など 2 語に区切って書く習慣が長く続き，1 語で綴る習慣が定着するのは 17 世紀後半以降である。oneself は少し遅れて 16 世紀半ばに *ones selfe* として文献に初出し，18 世紀以降に oneself として確立した。

中英語でよく用いられた ethic dative（感受与格）は近代英語期に入っても依然として用いられたが，OED の 1820 年の例を最後に文献から姿を消した。

指示代名詞と**冠詞**はすでに中英語期に現代英語と同じ体系に到達していた。しかし冠詞の用法はルネサンス期になってもまだ不安定で，*creep like* *snail*，*as big heart as thou* などとする一方で，*at the length*，*at the last* という語法が見られた。現代では不定冠詞を付けて … a snail，… a heart，あるいは定冠詞を付けずに at length，at last と言うところである。

数詞も現代英語と同じになったが，依然として 1 桁めを先にして *four and twenty* などと言った。名詞が複数の屈折をしない *four and twenty year* なども散見された。

形容詞・副詞

形容詞は比較級と最上級以外では全く屈折しなくなり，名詞との混同を避けるために，①品詞をはっきり区別する，②そのために文や句の中の位置を定める，③機能をはっきりさせる，など用法を厳密化する方向で諸々の変化が生じた。その 1 つの表れとして，中英語と違って近代英語では，名詞句の主要語は名詞のみになり，すべての名詞句は主要語を必ず明示するようになった。形容詞は man/men，thing(s)，あるいは one(s) など主要語である名詞や代名詞を伴うことが義務的になった。ただし一部の形容詞は the young，the poor など主要語として名詞句を作ることができた。また，**副詞**は基本的に「形容詞＋-ly」として形容詞と区別された。

形容詞は当初，*an honest mind and plaine* (an honest and plain mind) など形容詞が 2 つ以上ある場合に名詞の前後に分離するという特徴を中英語から引き継いでいたが，この用法は近代英語期の早いうちに稀になった。しかし一方では依然として①後置修飾が現代英語に比べて多い，② *Goode my Lorde* (my good lord) など名詞句内の語順が不安定，という傾向が見られた。

また，比較級に more，最上級に most を使うことが増え，特に知的な内容の書き物に多く見られたが，1600 年頃にはまだ用法が確立しておらず，たとえば *perfecter* と言う一方で *more easy*，*more sweet* と言うことがあった。あるいは屈折と併用して *more easier*，*the most highest*，*the most vnkindest* などとも言った。このため，たとえば easy の場合，比較級が easier，*more easy*，*more easier* の 3 通りあった。

しかし，17 世紀後半のイングランド社会には合理主義の精神が浸透しており，特に二重比較は非論理的として批判の的になった。18 世紀初頭には編集者たちがシェイクスピアの作品中の二重比較表現をすべて修正してしまうなどということも起きた。規範主義の文法家たちの努力もあって，18 世紀のうちに比較級に関して現代と同じ基準が定着した。

動詞

動詞は中英語から近代英語に移行する過程でかなり単純化され，そのプロセスは近代英語期を通してさらに進んだ。過去形が 2 つある場合は 1 つに統合され，発音，綴り，屈折形が複数ある場合も 1 つになった。過去形と過去分詞のどちらかが他方に合わせて同形になった動詞も多い。特に -n の語尾が消えて，たとえば *holden* は held に，*understanden* は understood に統合された。

統合のプロセスの最中には混乱も見られた。強変化動詞が弱変化に移行する過程の混乱に加えて，ジェームズ一世の欽定訳聖書やシェイクスピアの作品で古語が使われて復活することもあり，様々な過去形が共存した。たとえば write の過去形に wrote，*wrate*，*writ* があり，shrink の過去形に shrank，shrunk，*shrinked* があった。

動詞の活用型としては，近代英語にも弱変化型，強変化型，不規則型の 3 種類があった。表 4 ～ 6 でそれぞれ 1 例の屈折を示す。網掛けは 17 世紀のうちに廃れるものを示す。

表 4：弱変化型動詞の活用例（近代英語）

	人称と数	*loue* (love)	
		現在	過去
直説法	1 単 I	*loue*	*loued*
	2 単 *thou*	*lou(e)st*	*louedst*
	3 単 he, she, it/'t	*loueth/lou(e)s*	*loued*
	1-3 複 we, *ye*/you, they	*loue*	*loued*
仮定法		*loue*	*loued*
命令法		*loue*	—
分詞		*louing*	*loued*

表 5：強変化型動詞の活用例（近代英語）

	bind(*e*)		
	人称と数	現在	過去
直説法	1 単 I	bind(*e*)	*bound*(*e*)
	2 単 *thou*	*bind*(*e*)*st*	*bound*(*e*)*st*
	3 単 he, she, it/'t	*bindeth*/bind(*e*)s	bound(*e*)
	1-3 複 we, *ye*/you, they	bind(*e*)	bound(*e*)
仮定法		bind(*e*)	bound(*e*)
命令法		bind(*e*)	—
分詞		binding(*e*)	bound(*e*)

表 6：不規則型動詞の活用例（近代英語）

	be		
	人称と数	現在	過去
直説法	1 単 I	am	was
	2 単 *thou*	*art/beest*	*wast/wert*
	3 単 he, she, it/'t	is	was
	1-3 複 we, *ye*/you, they	are	were
仮定法		be	*were*
命令法		be	—
分詞		being	been/*bin*

弱変化動詞の過去形は 1650 年までに -ed が確立する。また，2 人称単数形（thou の系列）が 1700 年までに廃れるのに伴って，その屈折形も消失する。不規則動詞 be の過去分詞 *bin* は been の誤用で，16 世紀にスコットランドの作家たちが使用した。チョーサーを真似たものと思われる。その後は廃れたが，3 世紀近く経った 1823 年にイングランドの詩人ジョージ・ゴードン・バイロン（1788-1824）が単数の意味で *bin* を用いた例文が OED に載っている。こちらはシェイクスピアを真似たものと思われる。これを最後に *bin* は文献から姿を消す。

いわゆる **3 単現**の語尾は，古英語の 3 単現 *-eþ*，*-aþ* に由来し中英語期には宮廷詩人チョーサーも使った南部方言の -(*e*)*th* と北部から始まった -s が競合していたが，17 世紀前半までに -s が口語を中心に勢力を伸ばした。-(*e*)*th* はフォーマルな文体として 17 世紀後半まで持ちこたえ，特に do，have，say など短くて使用頻度の高い語に -(*e*)*th* を用いる例が 18 世紀まで見られたが，やがて廃れていった。

ところで，-s という形は確かに北部方言に由来するのだが，3 単現だけを屈折させるという用法は北部でも南部でもなく中部のものだった。古英語期以来，動詞の活用語尾が変化し単純化する過程で，北部では 1 単現以外のすべての人称に -s を付けるようになった。南部では 1 単現とすべての複数形に -(*e*)*th* を付けた。中部方言では 3 単現のみ -(*e*)*th* を付けて他の人称はどれも屈折しなくなっていた。つまり 3 単現の -s は，外形を北部方言から，内実を中部方言から継承したことになる。

表 4 ～ 6 では**仮定法現在**に動詞原形が用いられている。この後，イギリス英語は 19 世紀から徐々に should を用いるようになるが，アメリカ英語は当時の活用を保持して現在に至っている。

ここからは動詞の機能について述べる。まず，近代英語の**時制**は現在と過去の 2 つだった。現在時制は現在と未来の時間を表し，過去時制は過去の時間を表した。この点は古英語から現代英語まで変わらない。

近代英語では，単純な未来を表す用法の shall と will に変化があった。中英語では shall が代表的な未来表現だったが，17 世紀頃からは規範主義の文法家たちが主語の人称に応じたshallとwillの使い分けを主張し始め，18世紀には1人称主語にはshallを，2人称と3人称主語にはwillを使うようになった。2人称や3人称主語にshallを使うと，話者が主語を支配して「...させる」と言っているような意味合いになった。現代ではこの意味合いを感じない話者が増えたため，shallとwillの違いが曖昧になり，willが代表的な未来表現になっている。shall/should，will/wouldについては法助動詞の件でも述べる。

近代英語期には**相**の体系化が進み，それによって時間の表し方が厳密化した。相は，現代英語の文法体系において最後に完成した範疇だった。17世紀前半には依然として相の概念は未発達で，時制との区別ができていなかった。そんな時，複合時制と呼ばれていた継続相が，派生名詞と動名詞を巡る歴史的偶然によって「事態の進行」の意味を獲得した。**進行相**の誕生である。動名詞が派生名詞から発達した経緯は先に名詞の件で述べた。ここでは継続相が進行相に変容した経緯を述べる。

古英語では前置詞と派生名詞を使って *Ac gyrstandæg ic wæs* ***on huntunge*** (But yesterday I was on hunting) と言い，中英語では接頭辞と派生名詞を使って ... *and there mette with a knight that had been* ***an-hontynge*** (and there I met with a knight who had been on hunting) などとも言った。どちらも主語の行為が進行中だったことを表す構文である。*huntunge* と *hontynge* は語尾が与格の屈折をしていることから派生名詞であると分かる。しかし中英語期に屈折語尾が消失すると，派生名詞と動名詞が同形になった。

近代英語期には *an-* が曖昧母音 [ə]（シュワ）で発音されるようになり，綴りも a-hunting，a-laughing，a-making などになった。次にその a- も脱落して hunting になった。この hunting は中英語の *an-hontynge* から進行の意味を引き継いでいる。また，形態上は動名詞と同じなので目的語を付けて hunting deer と言うことができる。これを He was に連結すると He was hunting/He was hunting deer という，進行を表す文になった。

まとめると，進行の意味は古英語の「be＋前置詞 on＋派生名詞」に由来する。この形式は近代英語までに「be＋動名詞」へと推移したが，進行の意味は保持された。動名詞と現在分詞は同形だったため，結果的に，古英語以来の継続相「be + V-ing」が，進行相と呼ぶに相応しいダイナミックな性質を獲得した。

進行の意味を獲得した後も，進行相は用法が定まらず，使用頻度は極めて低かった。次はシェイクスピアが用いた進行相と単純相の例だが，シェイクスピアでも進行相はごく稀にしか使われなかった。

How now? What letter are you reading there?『ヴェローナの二紳士』1.3
（[父が息子に] おや，何の手紙を読んでいるのだ？）

What do you read, my Lord?　『ハムレット』2.2
（[臣下が王子に] 何をお読みですか，殿下。）

進行相は17世紀後半に急激に多用されるようになり，18世紀に確立した。19世紀になる頃には進行相の受動態も出来た。加えて，be nodding, be being silly などとして瞬間動詞や状態動詞までが進行相になった。そして20世紀には用法の幅がさらに広がる。

もう1つの複合時制だった**完了相**は，形式自体は中英語期に完成したが，機能の面では依然として過去の時間を表したり，あるいは現在や未来を表したりした。使用頻度も低かった。しかし18世紀前半には過去と完了が差異化されて「現在・現在完了・未来」対「過去・過去完了」という2つの時制グループが確立した。ようやく現在完了形が現在の時間を表すものと認識されたのである。

完了相は古英語以来，他動詞には have，自動詞には be を用いてきたが，中英語期の終盤に自動詞にも have を用いる傾向が現れ，19世紀には have で統一された。完了相の助動詞が have に統一されたことで，have を用いる能動態と be を用いる受動態との差異が明確になった。

態は中英語期にほぼ完成したが，近代英語期の後半に登場した用法が2つある。進行受動と get 受動である。get 受動は口語でよく用いられる。

進行受動はシェイクスピアでも見られたが，確立したのは18世紀末のことだった。これに先立つ 14 世紀には，先にも述べたように，*The wagon is* ***on*** *making* といった文が存在し，文脈から「荷馬車が作られている」という受動的な意味を表すと判断された。その後 on が消えて *The wagon is making* になっても，進行性に加えて受動性が伝わった。この類の文の名残が現代英語でも There's nothing doing for now（今のところ何も行われていない），The potatoes are cooking（ポテトが煮えている）などに見られる。

しかし進行形が常に受動性を表すわけではない。*The wagon is making* に目的語の付いた The wagon is making a noise は能動文である。また The man is cooking など主語が人間の場合は必ず能動文として解釈される。このような事情から，進行相の受動態が必要だった。こうして … is being built などが 18 世紀後半に登場したが，当時，この形式は人工的だとして一部の知識人や規範文法家に忌み嫌われ，論争の的になった。現在でも，進行受動は is/was being built など単純な構造に限られており，has been being built や will be being built などは稀にしか見かけないのが実情である。

get 受動は 19 世紀に確立した。その経緯はこうなる。従来，完了相を表す助動詞には have と be があったが，近代英語期に完了相が have で統一される傾向が現れた。be はもっぱら受動態に用いられるようになり，完了を表す機能を失った。come, go, arrive, depart, fall, grow, rise, set などは現在でも be を用いて完了相を作ることがあるが，Our guests **are** gone, The children **are** grown up など自動詞の完了相は今や結果状態しか表さない。近代英語期には，その欠損を補うかのように，事態の完了を表す「get＋過去分詞」が誕生した。

Go, ***get*** *you* ***gone****, and let the papers lie.* 『ヴェローナの二紳士』1.2
（ほら行きなさいって。手紙なんか拾わないで。）

この「get＋自動詞の過去分詞」で完了を表す用法は，多用されることのないまま，現在では口語でも稀に用いられる程度になっている。

一方で「get＋他動詞の過去分詞」の方は，一時性を含意する受動表現として定着して現在に至っている。19 世紀終盤の例文を 2 つ挙げる。

I got caught in the storm.（嵐に巻き込まれてしまった。）
... if nothing more gets said.（それ以上のことが語られないのなら ...。）

法については，動詞が仮定法をほとんど表さなくなり，その一方で非現実性や可能性の低さを表すための補足的な方法が幾つか発達した。

近代英語の動詞は，仮定法現在を動詞原形で表し，仮定法過去を直説法過去形で表した。このため仮定法現在は 3 単現と be 動詞以外では直説法現在形と同形になり，仮定法過去は be 動詞の were 以外は直説法過去形と同形になってしまった。

仮定法がこのように衰退する一方で，近代英語期には次のような仕組みが発達して現在に至っている。

・接続詞 as if，as though などで非現実性を伝える。
・I wish などの構文で慣習的に非現実性を伝える。
・possibly，probably，certainly など法副詞で蓋然性の度合いを伝える。
・may，might，must など法助動詞で文内容の現実性についての話者の判断を伝える。

助動詞

近代英語期には**助動詞**という新たな文法範疇が確立した。助動詞には，動詞 do，be，have の助動詞用法，準助動詞 be going to，be able to，have to など，および中英語期に誕生した一群の**法助動詞**がある。準助動詞は主語の人称と数に応じて屈折し，法助動詞は屈折しない。これらが助動詞という 1 つの範疇を成すことを示すのが，16 世紀に発達した付加疑問文，接語，17 世紀に発達した否定形の縮約の用法である。これらは助動詞と，助動詞用法を有する動詞にだけ適用される。

［付加疑問文］　・*I sent him a full answere by you,* ***dyd*** *I not?*
・*You are grand-jurors,* ***are*** *ye?*
・*I think I have done myself wrong,* ***have*** *I not?*

・... *I trust I may go too,* ***may*** *I not?*

［接語］ I'**m**, *thou'**rt***, he'**s**, we'**ll**, she'**ld** (would)

［縮約］ **do**n't, **a**n't (am/are not), **ar**'n't (are not), **ai**n't (am/is/are/has/have not), **sha**n't, **wo**n't, **can**'t, **may**n't

have と be は古英語期から助動詞的に用いられていたが，do は**迂言的 do** と呼ばれる助動詞用法が 16 世紀半ばに発達した。初めに現れたのは，平叙文で時制を示すだけの do だった。たとえば ... *wee knowe what starres* ***do*** *continually appeare, ... what starres* ***doe*** *rise and goe downe* (we know what stars continually appear, ... what stars rise and go down) で繰り返し現れる do/*doe* は，do 本来の使役の意味ではなく，強調の用法でもない。この do は現在時制であることを示すために挿入されている。このような平叙文の do は，①トピックを強調する，②過去形が分からない時に did で示す，③文章の韻律を整える，などの理由で挿入された。しかし 17 世紀に激減し，18 世紀には廃れた。

平叙文以外では do の使用が広がり，Did you not ...?, You do not ..., Do not think ... など do を用いた構文が定着した。広がった順序としては，否定疑問文，肯定疑問文，否定平叙文，否定命令文の順だった。このうち否定平叙文では do を使わない例も多く見られ，特に動詞 know と doubt は抵抗し，18 世紀半ばになっても I know not, I doubt not などと言ったが，やがて統一された。

助動詞用法が発達するにつれて動詞 **do** の使役の意味は廃れていき，代わって **make** が本来の「作る，組み立てる」に加えて「～させる」という使役の意味を表すようになった。

過去現在動詞は今や**法助動詞**という新たな文法範疇に発達した（☞ 第 2 章）。表 7 でその活用を示す。不規則動詞だった will と，独特の経緯を経た must も法助動詞になった。dare は過去現在動詞ではあったが，①過去分詞がある，② 3 単現が屈折することがある，③認識的用法が無い，④ does not dare や wouldn't dare など他の助動詞と共起する，という点で動詞的性格が強いため，表 7 に含めなかった。need も同様である。ought to は主に義務を表し，認識的用法では ought to have V-ed として should have V-ed と同じ意味を表すが，現在では should have V-ed の方が多用されるため表 7 に含めなかった（認識的用法については第 7 章で述べる）。2 人称単数形 thou の活用は省略した。

表 7：法助動詞の活用（近代英語）

	現在・単数	現在・複数	過去
shall	shall	shall	should
will	will/*woll(e)*	will/*woll(e)*	would
can	can	can	could
may	may	*mowe*	might/*mought*
must	must	must	—

網掛けの部分が廃れると，活用は現在形と過去形だけになり，現代英語と全く同じになる。

法助動詞は，①分詞形を持たない，②不定詞にならない，③ 3 単現の活用をしない，④原形不定詞を後続させる，⑤ yes-no 疑問文や否定文で迂言的 do を用いない，⑥名詞化しない，という性質を持っている。動詞とは異質な範疇なのである。

古英語の動詞 *sculan*, *willan*, *cunnan*, *magan*, *mōtan* が，各々，法助動詞 shall, will, can, may, must になった経緯は先に述べた（☞ 第 2 章，第 4 章）。中英語期に誕生したこれらの法助動詞は近代英語期を通して発達し，用法を確立させた。

これらのうち must 以外には過去形があるが（☞ 表 7），基本的に法助動詞の過去形は過去の時間を表さない。過去の時間を表さないという事実は，法助動詞が時間の流れる客観的な現実ではなく主観的な世界を描出するものであることと整合する。

法助動詞の過去形は，婉曲な感じや現実味の薄さを表す。過去形であることから，現在のことではないという距離感が出て，それが婉曲や非現実性に通じるのである。能力の用法の **could** と意思の用法の **would** など根源的用法では過去形は過去の時間を表すが，婉曲に現在の能力や意思を問うこともできる（根源的用法については第 7 章で述べる）。

時制の一致で過去形が必要な時は過去形が用いられる。must は歴史的経緯から過去形を持たないが，間接話法の中で過去を回想する時には must を過去形の代わりに使う。

14 世紀から 16 世紀にかけては be going to，be able to，have to，be allowed to，be to などの準助動詞が発達し，必要に応じて法助動詞の代わりに用いられた。

> *... when it is **to be** eaten sawce it with Vinegar and Butter, Nutmeg, Sugar, and the iuyce of an Orenge.*
>
> （食べる時に，酢・バター・ナツメグ・砂糖・オレンジ果汁のソースをかける。）

法助動詞は不定詞にならないため，これらの準助動詞は便利だった。また，未来用法の will が意思の用法と誤解される恐れのある文脈で be going to を使うこともあった。

法助動詞には，過去の習慣を表す used to と忠告を表す had better も含まれる。**used to** は 1400 年頃から動詞句として用いられていたが，19 世紀以降は不変化の助動詞句になった。ただし口語では今でも did/didn't use to，did/didn't used to と言うことがある。**had better** は古英語期から，与格代名詞と be 動詞を使った非人称構文の *Him wǣre betere þæt* ... (It would be better for him that ...) などで仮定法過去形 *were better* として存在した。その後，非人称構文は人称化され，be に代えて have が用いられるようになった。had better という形は 1700 年以降に確立した。ただし現代では，had better は深刻な警告の意味合いを帯びるようになったため，これを避けて should や need to を用いる傾向が見られる。

法助動詞は近代英語期に確立し用法も整備されたが，不完全な面もあった。たとえば *I **should** rather die with silence, than live with shame* など，現代では would と言うべきところで should が使われることがあった。また，shall は *Thou **shalt** haue one* (you must have one) など，古英語以来の意味である義務を表すことがあった。will と can も動詞用法を保持しており，動詞として will が願望を表し can が知識を表すこともあった。

シェイクスピアの次の文では，1 文中に仮定法と法助動詞が並存し，従位接続詞を使わず倒置を利用している。これも近代英語が法助動詞を含めた諸々の点で変化の最中にあったことを示す例である。

Ay, and melodious ***were*** *it,* ***would*** *you sing it.* 『ヴェローナの二紳士』1.2
(It would be melodious if you would sing it.　貴女が歌えば素敵でしょうね。)

前置詞

近代英語期になっても**前置詞**の用法は不安定だった。シェイクスピアにも *one that I brought up* ***of*** (from) *puppy*, *He came* ***of*** (on) *an errand to me*, *I am provided* ***of*** (with) *a torchbearer* など，現代の視点からは誤用とされる例が多く見られる。of を多用することは近代英語の特徴であり，名詞句でも動詞句でも **of** がよく用いられた。

動作主を of で標示する習慣は中英語から継承されて 16 世紀後半まで続いたが，近代英語期のうちに by で置き換えられた。また，17 世紀には say や tell の後の of が about に置き換えられるなど，前置詞の意味領域の分業が進んだ。of は属性や所有を表す用法に集約されていった。

正確さを求める時代のニーズに応じて，新たな前置詞（句）が語形成や借用を通して導入された。たとえば during, according to, regarding, owing to, in spite of, in front of, on account of などである。

中英語末期から近代英語期にかけては**句動詞**が増加し，単音節の普段使いの動詞と副詞用法の前置詞を合わせた bring about（招来する），put off（延期する），gather up（奮い立たせる）などが口語で用いられるようになった。句動詞は中英語でも見られたが，それらは *stonde up* (stand up) や *falle adoun* (fall down) など，前置詞が動詞の意味を強める程度の，意味的に透明な表現だった。ところが近代英語期の句動詞は，give up（断念する），give in（負ける，譲歩する），keep on/hold on（持続する），put on（ふりをして騙す）

など，全体の意味を部分の意味から複合することのできない慣用句のようなものが多くなった。よく引用される put up with（我慢する）は 1755 年に初出した。

句動詞は 19 世紀以降も増え続けた。lay off（解雇する），catch on（理解する），hold up（路上強盗をする），stand up（人を待ちぼうけさせる，すっぽかす）など，アメリカで生まれた句動詞も多い。句動詞からの派生名詞も，blow-out（パンク），cave-in（陥没），holdup（強盗），runaway（逃亡者）など，口語でよく用いられるようになった。

句動詞には普段使いの短い動詞が使われる。ある調査によれば，back, blow, break, bring, call, come, fall, get, give, go, hold, lay, let, make, put, run, set, take, turn, work の 20 の動詞から 155 の句動詞が作られ 600 以上の意味に用いられている。[1]

文の構造

近代英語期には平叙文における SVO の**語順**がさらに安定した。16 世紀には，宗教に関する文章や歴史書などで then, now, here, there, thus, yet が文頭に来ると**倒置**の起きることがよくあったが，17 世紀には倒置は強調の効果を狙った場合に限られるようになった。強調や**結束性**などの理由が無い時には，目的語を文頭に出す OSV の語順は稀に用いられたが，倒置した OVS は皆無に近くなった。一方，never, neither, hardly, seldom など否定の副詞が文頭に来た場合は倒置が義務的になった。

平叙文以外でも，迂言的 do が普及して *Do you know me, father?*, *Why didst thou stoop then?* などと言うようになったため，結果的に SV（you know, *thou* stoop）の語順が保たれることになった。

しかし，**トピック**を強調するにはやはり倒置がよく用いられた。強調を行うための他の方法として受動態や**分裂文**があったが，どちらも稀だった。分裂文とは，たとえば *But it is not their Plots which I meant* ...（彼らの筋書

[1] Baugh and Cable: 336.

きのことではなく…）のことで，一般的に「It is … that の強調構文」とも呼ばれる。

17 世紀には，格標示の消失と SVO の定着が影響して**非人称構文**が廃れる結果になった。非人称動詞の中には現在も，ail（病む）［進行形のみ］，chance（ふと思いつく）［進行形不可］，like（好む）［進行形不可］，need（必要とする），please（好感を与える），be hungry（空腹である）など，人を主語にする用法に移行して使われているものもあれば，list（好む）など古語になったものや，*þyncan*（…と思われる）のように廃語になったものもある。現代の古語 me-thinks，methought はこの *þyncan* の名残である。

この変化，つまり文の主語を明示し，動詞を主語に一致させるようになったことを**人称化**と呼ぶ。人称化は様々な形を取ったが，その中でも意味上の主語である人を形式上でも主語にした SV または SVO への移行が最も多かった。こうして，それまで受動的な役割を付与されていた経験者すなわち刺激を感受する人が能動的な動作主のように扱われることが増えた。同時に，人を主語にするのが自然だという認識が浸透した（☞ 第 7 章）。

近代英語期には英語の表現力が増した。**単文**でも分詞，不定詞，動名詞を用いて複雑な内容を表すことができるようになった。

分詞は，現在分詞も過去分詞も次の機能を持っていた。

① 名詞を修飾する。現代英語と同様に前置修飾と後置修飾の用法があった。

［前置修飾］ *smil**ing** damn**ed** Villaine*（微笑する憎き悪漢）

［後置修飾］ *… sometime after he met a Footman belong**ing** to the same gentleman.*

（…その後しばらくして，彼は同じ紳士に仕える下僕に出会った。）

② SVOC の C になる。古英語の頃から「have＋過去分詞」の SVOC 文と知覚構文が存在したが，近代英語では使役構文，結果構文にまで SVOC の範囲が広がった。

［結果構文］ *His generosity made him court**ed** by many dependents.*

（彼は気前が良かったので頼ろうとして言い寄る者が多くいた。）

③ 分詞構文を作る。古英語期から稀に見られた独立分詞構文を含めて，様々な分詞構文が頻繁に用いられるようになった。

［懸垂分詞構文］ *… sleep**ing** in mine orchard, A Serpent stung me.*

『ハムレット』1.5

［付帯状況の分詞構文］ *The general Landscape of the Hills seemed to us very beautiful, gently ris**ing** and fall**ing**, without Rocks or high precipices.*

（丘陵の景色はとても美しく，穏やかにうねり，岩や懸崖は無かった。）

④ 様々な品詞として機能する。

［前置詞］ *sau**ing*** (saving)，［接続詞］ provid**ed**，［形容詞］ interest**ing**

不定詞も用法の幅が広がった。中英語でも time that will come を time **to** come などと言っていたが，近代英語ではさらに He went and never returned を He went never **to** return と言うようになった。疑問詞と組み合わせた to know **when to** speak, and **when not to** speak などもあった。この他にも … was **so** kind **to** offer **to** carry …， I was **so** unfortunate **as to** be engaged **to** go to … **to** see … など，近代英語は不定詞を使用することで文の内容を凝縮して効率よく表現することができた。この例が示すように，不定詞の受動態も出来た。

シェイクスピアの『ハムレット』の次の台詞はよく引用される。

***To be**, or **not to be**—that is the question.* 『ハムレット』3.1

（生きるべきか，死ぬべきか，それが問題だ。） ［河合：98］

17世紀初頭には再分析という現象が起きて，**for-to 構文**が誕生した。たとえば It is good for a man to be gallant の場合，再分析の前と後ではこうなる。

従来の構造：【It is good for a man】＋【to be gallant】
（勇ましいのは男性にとって良いことだ。）

再分析の後：【It is good】＋【for a man to be gallant】
（男性が勇ましいのは良いことだ。）

再分析の後では for a man は不定詞の主語のように感じられるため，次には For a man to be gallant is good も可能になった。シェイクスピアではすでにこの形が用いられている。

同じ頃に，to 不定詞自体を分解する用法が 2 つ始まった。1 つは，Will you go hunting?—Yes, I am going **to**/I intend **to** など，to を単独で用いて動詞の反復を避ける用法である。次の例文でも to の後に observe が略されている。

She … obserued him, as well as she could bring her spirit to consent ***to****.*
（彼女は…勇気の限りを尽くして彼をじっと見た。）

もう 1 つは，to と動詞の間に他の要素を挿入する**分離不定詞**と呼ばれる用法である。

Anniball was advised … ***to*** *not* ***go*** *to Rome.*
（アンニバルはローマに行かないよう忠告された。）

Milton was too busy ***to*** *much* ***miss*** *his wife.*
（ミルトンは忙しすぎて妻をさほど恋しいと思わなかった。）

分離不定詞は修飾関係を明らかにする良い手段である。The new weapon allowed them successfully to compete with the enemy は曖昧だが，分離不定詞を用いた The new weapon allowed them **to** successfully **compete** with the enemy は，successfully が compete を修飾することを明確に伝える。

ちなみに for-to 構文は，現在では廃れた熟語 *for to* を用いた *He maketh to moch haist for to be riche* (He makes too much haste in order to be rich) な

どとは別物である。こちらの *for to* は 18 世紀のうちに廃れ，これと入れ替わるかのように 18 世紀初頭から in order to が用いられて現在に至っている。

動名詞は近代英語期を通してよく用いられた。派生名詞との混同が目立つが，動名詞の用法自体は現代英語と同じだった。すなわち動名詞は動詞のように，①目的語を取ることができ，② our immediately drinking a bottle, their always knowing the right way のように副詞で修飾される。その一方で，動名詞は名詞のように，③複合語 *seeing glass*（鏡），walking stick（散歩用の杖），sleeping car（寝台車）などを形成して，現在分詞を用いた *walking doll*（ゼンマイ仕掛けの動く人形），*seeing people*（視力のある人）などと対比する。さらに，④ before answering など前置詞に後続し，⑤ pray for praying's sake など属格になり，⑥ comings and goings など複数形になる。

16 世紀には**軽動詞構文**が登場した。軽動詞構文とは，have, take, give, make などの動詞に，動詞から品詞転換した名詞を目的語として後続させる文の総称である。たとえば現代英語の have a look, have a wash, take a walk, give a glance, make/pay a call などがそれで，意味の上では，各々，look, wash, walk, glance, call という動詞が意味する行為を表すと同時に，「楽しみで，あるいは好奇心から，ちょっとやってみる」という含意がある。軽動詞構文の主語は**動作主**であると同時に**経験者**でもあるのだ。

経験者と言えば，古英語以来 17 世紀まで使われた非人称構文は経験者を前面に出していた。中英語期から 19 世紀まで使われた感受与格も，文法的には必要の無い文脈で経験者を明示した。現代の軽動詞構文は，構文の意味として経験者を暗示する。

軽動詞構文は，動詞の屈折語尾 *-e* が消えて名詞と見分けがつかなくなり品詞転換が容易になったことから発生した。have, take などを「軽い動詞」と呼ぶのは，この構文においては意味の中心が目的語の方にあり，動詞の仕事は人称や時制を表すことに限定されているからである。

「ちょっとやってみる」と言うだけに，have a look などが表す行為は長々と続くものではない。また，気の済むだけとしてすでに終点が含意されているため，for an hour など持続時間を明示することができない。take a walk も，around the town など漠然とした表現を加えることは可能だが，to the station など目的地を明示することはできない。

軽動詞構文は現代英語に定着し，口語と限らず広く用いられている。

以上，**単文**の構造について述べた。分詞構文や不定詞は時制を担わないため，複雑な内容を表しながらも文の種類としては単文に相当する。

ここからは**複文**の構造について述べる。近代英語期には，①副詞節の種類が増え，②継続用法の関係節が定着して，複文が多用されるようになった。まず副詞節の種類と従位接続詞の例を表 8 に示す。このうち現代では使われないものを斜体で示した。

表 8：副詞節の種類と従位接続詞の例（近代英語）

種類（意味）	従位接続詞
結果	(*so*) that
目的	so that, *to the end that*
譲歩	(al)though, albeit, however, *for all* (*that*)
比較	as … as, so … as, as (if)
反意	whereas
時	while(*s*), when (*as*), as, until, before, *ere* [before], after, since
条件	if, unless, *without that*, but that
原因	as, *sith* [since], since, because, now that, *for why*, *in that*
様態	how, as, in that

次に例文を示す。17 世紀末までは when に that が付加されることがあった。

***When that** he was certified, … he rebuked Eusebius.*

（確信すると，彼はエウセビウスを叱責した。）

This seemed to be done, ***without that*** *the king was fully informed thereof.*
（これは王が十分に知らされないまま行われたようだ。）

(*She*) *trembled and shooke:* ***for why*** *he stamp'd and swore.*
（彼女は震えおののいた。彼がじだんだを踏んで罵ったからだ。）

関係節では，人間を先行詞とする主格の関係代名詞 **who** が使われるようになった。これで who，whom，whose の系列が完成した。who の確立は，先に人称代名詞の件で述べた中性属格 **its** の確立と同様に，人間と非人間を明確に分けようとする態度の表れである。

16 世紀には人間を先行詞とする which が依然として使われていたが，17 世紀には who が浸透した。また，*the which* などの重複は減少し，現代英語と同じように「前置詞＋関係代名詞」，関係代名詞 what，such … as がよく用いられるようになった。

Notwithstanding ***what*** *I have heard, that I will report.*
（大変なことを聞いてしまいましたが，ありのままに報告します。）

イングランドの聖職者で歴史家トーマス・フラー（1608-61）の *Church-History of Britain*（1655）から継続用法の例を引用する。文としては関係節を 2 つも連ねていて煩雑で，現代の感覚では悪文の類に入る。

As for her Son the King of Scots, ***from whom*** *they expected a settlement of Popery in that land, their hopes were lately turned into despair,* ***who*** *had his education on contrary principles.*
（彼女の息子であるスコットランド王はと言えば，人々は彼がその国にカトリック教を定着させてくれると期待したのだが，最近，彼らの希望は絶望に変わった。王は正反対の方針で教育されてきたのだ。）

次に，目的格の関係代名詞を省略することがあるのは現代英語も同じだが，近代英語では there や here の後で主格の関係代名詞がよく省略された。□で省略を示す。ちなみに OED では，この文を aslant の前置詞用法の初出例としている。

There's a willow □ *grows aslant a Brooke.*　　『ハムレット』4.7
（柳が小川の方に傾いて茂っている。）

先行文全体を代名詞のように指す用法もあった。これは現代でも口語でよく見られる。次の例は 1 文でまとめているが，このような場合に，He would advise me to … **Which** I have done と 2 文に区切る用法も当時から存在した。

He would advise me to …, ***which*** *I have done.*
（彼は私によく…するようにと忠告した。私はその通りにした。）

次の文は of which を使っている。このような場合に関係形容詞を使って with which noise などとする用法も当時から存在した。

Our Ship struck a ground, with the noise of ***which****, our Captain awake.*
（我々の船が地面にぶつかり，その音で船長が目を覚ました。）

本来語と借用語

近代英語期には，接頭辞や接尾辞を用いて語形成を行う従来の方法に加えて，語尾の消失により促進された品詞転換，ルネサンス期の大量の語借用，新大陸での新語など，独特の要因によって語彙が激増した。

伝統的な語形成法は，借用語の流入によって阻まれながらも持続しており，特に接頭辞 un-，in-，counter-，re- と，接尾辞 -ness，-er，-ed，-y は生産的だった。life-long，hand-made など複合名詞も作られた。

品詞転換は，屈折語尾の消失が引き金となって近代英語期に激増した。中でも gossip，dirty，secure など名詞や形容詞から動詞への転換が多かったが，ancient など形容詞から名詞への転換や，the ins and outs など前置詞から名詞，But me no buts（「でも」と言うな）など接続詞から動詞や名詞への転換もあった。

身体部位を表す名詞のほとんどは動詞として用いられた。たとえば eye（見る），nose（においを嗅ぐ，鼻で動かす），mouth（ペラペラ喋る，つぶやく），lip（キスする，唇でくわえる），shoulder（肩で押す，かつぐ），hand（手渡す，手を貸す），等々という具合である。この他に arm，brain，beard，chin，elbow，jaw，thumb，stomach，body，skin，leg，heel，toe，等々，身体部位は文脈に応じて様々な意味に用いられた。

動物を指す名詞を動詞に転換することもあった。たとえば古英語期から存在した名詞 dog は 1519 年に初めて動詞 dog（尾行する，つきまとう）として OED に登場した。fox（だます）は 1602 年,[2] ape（真似る）は 1632 年に初出している。品詞転換に用いられるのは特徴のはっきりした動物だったが，それでも聞く側は文脈を頼りに推測することになる。例を示す（このうち fox 文の訳は筆者の推測の域を出ない）。

*Our ennemyes..**dogged** vs at the backe.* ［1519 年］
（敵が我々の後をつけてきた。）

*The other pettie princes are **foxeing** alreadie for fear.* ［1646 年］
（他の小さい王子たちは怖がって早くも仮病を使っていた。）

*Why should you **ape** The fashions of court-ladies?* ［1632 年］
（なぜ宮廷の貴婦人方の服装を真似る必要が？）

品詞転換を多用するようになった時，英語の性格は大きく変わった。古英語は虚構性が強く，自己完結的なシステムを指向する言語だったが，中英語は，文法上の性を喪失して自然性に依存するようになった分だけ**文脈依存的**になった。つまり中英語は自然の性別という物理的文脈に依存するようになった。そして近代英語はさらに文脈依存性を強くした。品詞転換を使いこ

---

[2] 初出を 1567 年とする説が複数の文献で見られるが，1567 年の fox は，当時，オオカミの模様を彫った剣をキツネと間違えて fox と呼んでおり，その剣で刺すという意味に用いたもの。動物の fox の意味での品詞転換は 1602 年が初出である。

なすには言語的文脈をよく見る必要があり，常識も必要だったからだ。語の意味だけ知っていても意思疎通はできない。特に聞き手の負担が大きくなった。英語は，聞き手の理解に任せる大胆な言語になった。

シェイクスピアは，①品詞転換，②新造語，③接辞による語形成などの方法を駆使して大量の新語を創った。たとえば 4042 行から成る『ハムレット』という 1 つの作品中で約 150 の新語が使われ，2349 行の『マクベス』には 110 以上の新語が登場した。[3] シェイクスピアはまた，別の作家によって新造された新奇な表現も積極的に使った。

ラテン語を基にした新造語も多く，600 以上が報告されている。そのうち 200 は『ハムレット』，『マクベス』，『リア王』，『オセロ』など悲劇で使われている。これらの新造語は，難解な語を中心に 31%が早々に廃れた。[4] それでも，たとえば『リア王』1 幕 4 場に出る *disquantity*（量を減らす）は，廃語として，OED に掲載されている。

表 9 はシェイクスピアの表現のうち現在も使われているものの例である。[5] 語幹がラテン語由来である語をアスタリスク「*」で示す。

---

[3] Hughes: 180–1.
[4] Hughes: 181.
[5] Jespersen: 211–2, Hughes: 179, 181–2.

表9：シェイクスピアの英語（現代英語）

シェイクスピアが新造あるいは新たな意味や用法を付与したとされる表現
名詞：accommodation*（部屋），addiction*，amazement*，assassination*，brothers［複数；従来は *brethren*］，courtship，discontent*，fount*（泉），gust，hint，leap-frog（蛙跳び），loggerhead，luggage*，perusal …
動詞から名詞への品詞転換：control，dawn，dress，hatch，import，indent，reliance* …
動詞：denote*，dwindle，educate*，enthrone，hurry，lower［自動詞］，operate* …
名詞から動詞への品詞転換：hand，jade（馬を酷使してへタらせる）…
形容詞：admirable*，barefaced，critical*，eventful，fashionable*（ドレスコードを守る），fretful，generous*，hostile*，indistinguishable*（部分に分けられずぐちゃぐちゃの），laughable，loggerheaded，lonely，monumental*，obscene*，traditional*，tranquil*，unreal*，useful* …
前置詞：aslant
熟語：get clear of（～を清算する，晴らす），have got（have），take time to（ゆっくり～する）

当時の新語でシェイクスピアが援用したもの
名詞：acceptance*，action*，*actiuity*（activity*），catastrophe,[6] emphasis*,[7] gull（まぬけ），summit* …
動詞：abandon，*abhorre*（abhor*），abrupt*，absurd，call（訪問する），demonstrate*，meditate*，rely* …
形容詞：agile*，dire* …

中英語末期からルネサンス期にはフランス語を介さず直接ラテン語から**借用**する例が増えた。先にフランス語からの借用語は知的でフォーマルな雰囲気を持つと述べたが（☞ 第4章 表10），ラテン語はさらに格調高く専門的な雰囲気を持っていた。現代英語で用いられている類義語の例を表10で示す。

[6] catastrophe はギリシャ語由来である。
[7] emphasis はギリシャ語からラテン語に入った。

表 10：本来語と借用語の類義語の比較（現代英語）

本来語	仏語由来	羅語由来	本来語	仏語由来	羅語由来
ask	question	interrogate	guts	entrails	intestines
book	volume	text	hearty	cordial	cardiac
fair	beautiful	attractive	help	aid	assistance
foe	enemy	adversary	holy	sacred	consecrated
fear	terror	trepidation	lively	vivacious	animated
fire	flame	conflagration	rise	mount	ascend
folk	people	population	time	age	epoch
gift	present	donation	word	term	lexeme
go	depart	exit	word-hoard	vocabulary	lexicon

近代英語期に入った学術用語のラテン語，ギリシャ語はルネサンスの科学的精神を反映していた。科学用語の借用は中英語期から始まっており，1340 年にはラテン語の *scientia* がフランス語を介して *sciens* として英語に入った。ただし，当時，この語は広く「知識」を意味していた。他にも 14 世紀のうちにラテン語からフランス語を経由して medicine，solution，experiment などが英語に入り，ギリシャ語からラテン語とフランス語を経由して arithmetic，philosophy，grammar，logic，rhetoric，geometry が英語に入った。これらの借用語は科学的探究のためというよりは，むしろ中世の学校教育で必要とされる用語だった。一方，それから 200 年後のルネサンスから科学革命へと通じる 16 世紀には，より本格的な科学用語が借用された。たとえばギリシャ・ラテン・フランス語という経路で anatomy，geography，mathematics，physics，pharmacy などが借用され，アラビア語からイタリア語を経て algebra が借用された。chemistry は「錬金術」(alchemy) を表すアラビア語 *al-kīmīā* の *al* が取れた形でラテン語に入り，フランス語を介して英語に入った。その後も 18 世紀から 20 世紀の間にギリシャ語由来の astro-，bio-，geo- の付く科学用語が，各々，70，64，95 より多い数で増えている。[8]

[8] Hughes: 215.

近代英語期は，イギリスが大航海に乗り出して植民地を増やした時代でもあった。人々は**新世界**で多種多様な生物に出会い異文化を目にして，それを表すエキゾチックな言葉を英語式に綴って本国に持ち帰った。新世界で出会った動植物や事物の名前には次のようなものがあった。

・ネイティヴ・アメリカンの言語から：moccasin, moose, opossum, pecan, persimmon（柿），raccoon, skunk, squash, tomahawk, totem, wampum, wigwam …
・メキシコから：chili, chocolate, coyote, tomato …
・キューバなど西インド諸島から：barbecue, cannibal, canoe[9], hammock, hurricane, maize, potato, tobacco …
・ペルーから：alpaca, condor, jerky, llama, pampas, puma, quinine …
・ブラジルなど南アメリカから：cayenne, jaguar, petunia, poncho, tapioca …
・インドから：bandana, bangle, Brahman, bungalow, calico, cashmere, china, cot, curry, dinghy, jungle, loot, mandarin, nirvana（涅槃），polo, punch［飲み物］，verandah, gingham[10], indigo, mango …
・アフリカから：banana, Boer, chimpanzee, gorilla, guinea, gumbo, Hottentot, zebra …
・オーストラリアから：boomerang, kangaroo …
・植民者が名づけた例：
eggplant（ナス）［白い種類のナスから紫色のものに拡大］
sweet potato（さつまいも）［南アメリカ原産］
turkey（七面鳥）［メキシコの家禽。アフリカ原産ホロホロ鳥（現在では Guinea-fowl）と混同した。］

---

9 ハイチで原住民が使っているのをコロンブスも見ている。当時は *canoa* と呼ばれていた。

10 マレー語に由来する。

・植民者が既成の語を当てはめて名づけた例：

トウモロコシ ⇒ corn［英：穀物全般］

胸の赤いツグミ ⇒ robin［英：ヨーロッパコマドリ］

アメリカで新造された語句には次のようなものがあった。

bark up the wrong tree（見当違いをする）

crazy quilt（クレージーキルト）［アメリカ流のキルト］

know nothing（無学の人）

sidewalk（歩道）

spelling bee（スペリングビー）［綴り字競技］

アメリカの英語

本章の最後に，新天地アメリカでの英語の状況に触れておく。18 世紀から 19 世紀初頭のアメリカでは，均質的なロンドン英語が話されていた。植民初期の入植者たちは，地域のリーダーが話すように話した。新天地では故郷の方言に固執する必要は無く，むしろ新たな言語共同体を作ることが誰にとっても望ましかったからだ。リーダーになったのは知識層だった。特にプリマスやジェームズタウンにはイングランド南東部出身のピューリタンなど知識層が多く移住しており，彼らの言葉がアメリカ植民地の標準語になった。そして入植者の子孫たちは，親世代よりもさらに正しく，さらに均質的な英語を話すようになった。アメリカでは定住せず頻繁に移動する人が多かったため，交流を通して均質化が進んだのだ。オランダ人やドイツ人などが多く移住した地域を除いては，当時のアメリカでは，意味不明の隠語も訛りも無い，知的で美しいロンドン英語が話されていた。

AAVE（African American Vernacular English 黒人英語）については，標準語との違いは些少だとする立場と，奴隷貿易の時代のピジン語に由来するという立場があるが，[11] 本書では立ち入らない。

---

[11] Baugh and Cable: 349, 372–3.

本国のイングランドからアメリカ新大陸に「移植」されたロンドン英語は新天地に浸透し，19 世紀後半には発音と語彙を中心に独自の成長を始める。

一方では，移植当時以来，アメリカの英語は「古めかしい」とされる次の語法を保持している。

・get の過去分詞が gotten である。［英：got］
・I guess をよく用いる。［チョーサーの時代の語法］
・mad を「怒っている」の意味で使う。［シェイクスピアの時代の語法］
・sick を広義に使う［英：吐き気がする］
・ステーキの焼き方を rare と言う［英：underdone］
・秋を fall と言う[12]［英：autumn］

近代英語はどこまで来たか

ルネサンスと科学革命に後押しされて，近代英語は目覚ましい発展を遂げ，成熟した言語へと変貌した。最大の特徴は，豊富な語彙，分詞，不定詞，動名詞，従位接続詞，前置詞，特殊構文，等々を駆使して複雑な思想を効率良く表現できるようになったことだ。

それと同時に，範疇の区別が明確になり，句には必ず主要語が含まれるようになった。たとえば名詞句には名詞が，動詞句には動詞が不可欠になった。そして文には必ず主語があった。修飾語は基本的に被修飾語の近くに置かれた。非論理的な省略，重複，反復，分離などは大部分が矯正された。つまり良い意味での形式化が進んだ。

意味の面では，人間中心のシステムが整った。古英語の時代から実体に注目する言語ではあったが，近代英語ではさらに，解釈によって，実体が可算の個体と不可算の物質に分けて認識されるようになった。可算の個体の代表は人である。こうして人間中心になったことの表れとして，人称代名詞では中性単数属格 its が確立し，人間の単数だけが his/her で標示されるように

---

[12] the fall of the leaf（落葉）に由来。

なった。また，関係代名詞では人を先行詞とする who の系列が完成した。古英語以来の非人称構文は人称化し，多くが人間を主語にした SVO 文で表されるようになった。

人間を取り巻く客観世界と主観世界の表し方は精緻になった。客観世界については，現在完了が過去でなく現在の時間を表すという理解に到達し，継続相が進行相に変容して時間の表し方が整備された。この後も用法の精緻化が続く。話者の主観世界については，現実らしさの度合いを法助動詞が語るようになったし，非現実を表現する仕組みも出来た。

古英語以来の，表すべきことは絶対に表したいという強い姿勢は健在だ。近代英語では，表すべきことが増え，表し方がより論理的で厳密になった。一方では，感受与格や非人称構文が描出した経験者は切り捨てられ，英語の世界はその分だけ単純になった。

まとめると，近代英語は主に次の点で現代英語に近づいた。

・(中英語期以来) 冠詞の体系が出来た。
・(中英語期以来) 法助動詞の体系が出来た。
・動名詞が出来た。
・可算名詞と不可算名詞が出来た。
・人称化が完成した。
・SVO の語順が安定した。
・時制と相が現代の体系になった。

第 7 章　現代英語

歴史言語学では一般的に，20 世紀以降の英語を現代英語と呼ぶ。イギリスの植民地政策という歴史的経緯のため，現在，世界で英語を第 1 言語あるいは公用語とする地域は多い。そこで話される英語はどれも現代英語ではあるが，本章ではイギリスとアメリカ合衆国のいわゆる標準英語を念頭に置いて述べる。イギリスとアメリカ合衆国の英語は，発音，綴り，語彙に関して相違が散見されるが，文法に関して大きく異なることはない。文法に関して相違する点については必要に応じて言及する。

800 年の歩み

ノルマン征服によって英語が事実上「廃位」された 1100 年から，近代英語が完成した 1900 年までの 800 年間の英語の外面史と内面史を年表にまとめると表 1 のようになる。

表1：800年の歩み

英語の外面史		英語の内面史	
1066	ノルマン征服		
1066-	英語の失墜	-13c.	屈折語尾の多くが消失
1337-1453	百年戦争	12c.-14c.	the と a が発達
1348-1451	黒死病	13c.-15c.	法助動詞が誕生
14c. 初 -15c.	英語の復権	14c.-15c.	動名詞が発達
1476	印刷術の導入	15c.-現在	句動詞が徐々に増加
		15c.-現在	品詞転換が増加
		16c.	軽動詞構文が出現
16c. 初-17c. 初	ルネサンス	16c.	人称代名詞中性 *his* が its に
		16c.-18c.	迂言的 do が発達
		17c.	可算名詞と不可算名詞を区別
17c.	一連のイギリス革命	17c.	who の関係代名詞用法が浸透
(1642-52)	(清教徒革命)	17c.	SVO の語順が安定
		17c.	非人称構文が衰退
16c. 半-1700	科学革命	17c. 末-現在	継続相が進行相になり多用
		18c.	現在完了が現在時制に統合
		19c.	現在完了が have で統一

これで現代英語の基盤が形成された。これ以降さらに用法が整備されて現在に至る。

捨てたもの・残したもの

古英語では，名詞，代名詞，形容詞，それに数詞の一部が性，数，格に応じて屈折した。名詞には大別して5つの屈折型があり，形容詞には2つの屈折型があった。代名詞は種類ごとに独自の屈折をした。形容詞と副詞はさらに比較級と最上級の屈折をした。動詞は，人称・数・時制・相・法に関して屈折し，大別して3つの屈折型があった（☞第2章）。

現代英語では次の屈折が残るのみである。

・名詞が所有格と複数の屈折をする。複数の屈折には規則型と不規則型がある。
・代名詞が種類によって数や格の屈折をする。
・形容詞のうち 1 音節語と一部の 2 音節語が比較級と最上級の屈折をする。
・副詞のうち形容詞と同形のものが比較級と最上級の屈折をする。
・動詞が 3 単現，時制，相，法の屈折をする。規則型，不規則型，be 動詞型がある。

名詞の屈折例を表 2 に，人称代名詞の屈折を表 3 に示す。

表 2：名詞 friend の屈折（現代英語）

	単数	複数
主格	friend	friends
所有格	friend's	friends'
目的格	friend	friends

表 3：人称代名詞の屈折（現代英語）

	単数					複数
	1 人称	2 人称	3 人称			
			男性	女性	中性	
主格	I	you	he	she	it	they
所有格	my	your	his	her	its	their
目的格	me	you	him	her	it	them

これらの表を見ると，屈折が激減したとは言え，概念自体は消滅していないことが分かる。その証拠に，人称代名詞は人称，性，数，格のすべてを体現する。人称代名詞は頻繁に用いられるため，英語話者はこれらの文法概念を常に意識することになる。

ただし**性**については，現代英語は文法が定める性ではなく**自然性**に従う。この変化は意味深い。古英語は現実とは別の，自己完結的なシステムを構築しようとしたが，現代英語は**現実をシステムの中に取り込んでいる**。中英語期に文法的性を捨て自然性を取り入れた時，英語は**自己完結性を捨てた**のだ。虚構性の度合いが大きく低下したとも言える。

数は主に名詞と代名詞が表す。双数は 12 世紀のうちに消失し，現在は単数形と複数形のみが存在する。形容詞や数詞が重複的に数を標示することがなくなり，英語はより論理的になった。**しつこさが減じ**たとも言えるし，**聞き手に不親切になった**とも言える。

それでも数の屈折は捨てられなかった。古英語の時代から，英語は個体に注目し，個体を特定しようとする言語だった。そのためには環境から個体を切り取って「1 つ」を認識する必要がある。そのような言語の文法が数の範疇を保持するのは必然だ。

格については，従来の属格が，諸々の機能が整理されて主に所有関係を表すようになったことから，所有格と呼ばれるようになった。また，従来の対格が与格を吸収し，目的格と呼ばれるようになった。意味的には，動作主の影響を被る被動者が，感受性を発揮する経験者を吸収した形だ。与格が表す経験者は，主語の情緒を体現する第 2 主語のようなものだった。しかし非人称構文が廃れ，感受与格も廃れた時，英語は**経験者を明示する文法的手段を失った**。今や経験者は，文脈や語や構文の意味からそれと知られるのみである。

人称代名詞が 3 つの格を屈折で標示するとは言え，名詞が格標示を失ったことのダメージは大きかった。英語は格標示に代えて SVO の語順を利用することを選択した。現実世界では，まず原因があって結果が生じる。この**自然の論理**を表すのが SVO の語順である。英語は，性の場合と同様に，格に関しても物理的現実を文法に取り込んだ。しかし表 1 が示すように，SVO の語順が格標示の代替として安定するには時間がかかった。

古英語の形容詞は，指示対象を特定（これ以降「確定」）するか否かによって屈折の型が異なっていた。屈折語尾が消失した時，形容詞は**確定性**を標示する機能を失った。しかし性，数，格が捨てられなかったように，確定性も残った。比較的早い時期に**定冠詞**が発達して任務を引き継いだのである。古英語の，表すべきことは絶対に表したいという強い意志は健在だ。

屈折語尾が消えると品詞の違いが見えなくなる。これを逆手に取って，ルネサンス期には**品詞転換**が激増し言葉遊びが盛んになった。品詞転換は現代英語でも多く見られる。聞き手は 1 つの語が名詞か動詞か，他動詞か自動詞か，または形容詞なのか，文脈から判断しなければならない。やはり現代英語は，意思疎通のパートナーである聞き手を甘やかしてくれない demanding な言語である。聞き手を信頼してかかる大胆な言語であるとも言える。

では動詞はどのように変わったのだろうか。まずは活用例を表 4 と表 5 で示す。なお現代では従来の弱変化動詞を「規則動詞」とし，強変化動詞と be 以外の不規則動詞を合わせて「不規則動詞」としている。

表 4：規則動詞 walk と不規則動詞 drive の活用（現代英語）

<table>
<tr><td colspan="2" rowspan="2"></td><td colspan="2">walk</td><td colspan="2">drive</td></tr>
<tr><td>現在</td><td>過去</td><td>現在</td><td>過去</td></tr>
<tr><td rowspan="3">直説法</td><td>I，you</td><td>walk</td><td rowspan="5">walked</td><td>drive</td><td rowspan="5">drove</td></tr>
<tr><td>he，she，it</td><td>walks</td><td>drives</td></tr>
<tr><td>複数</td><td>walk</td><td>drive</td></tr>
<tr><td rowspan="2">仮定法</td><td rowspan="2"></td><td>［英］should walk</td><td>［英］should drive</td></tr>
<tr><td>［米］walk</td><td>［米］drive</td></tr>
<tr><td>命令法</td><td></td><td>walk</td><td>—</td><td>drive</td><td>—</td></tr>
<tr><td>分詞</td><td></td><td>walking</td><td>walked</td><td>driving</td><td>driven</td></tr>
</table>

表5　be 動詞の活用（現代英語）

		be	
		現在	過去
直説法	I	am	was
	you	are	were
	he, she, it	is	was
	複数	are	were
仮定法		［英］should be	were
		［米］be	
命令法		be	—
分詞		being	been

be 以外の動詞は，特にアメリカ英語では，3 単現さえ無ければ時制と分詞を標示するだけという極めてシンプルな体系に至るところだ。3 単現は直説法と他の 2 つの法を差異化する一助にはなるが，特に必要というわけではない。将来的に衰退しても不思議ではない。なお仮定法現在については，アメリカ英語のように動詞の形態で法を表すのが古英語以来の伝統であり，イギリス英語のように文法語を足すのは近代以降の手法である。

過去時制，現在分詞，過去分詞は屈折語尾を保持した。しかし仮定法と命令法は直説法にほぼ吸収された。be 動詞も仮定法の were が単数では was で代替される傾向にある。その一方で，仮定法に代わり法助動詞，法副詞，特殊構文などが主観性と非現実性を表すようになった。命令法も be 以外は今や動詞形態だけでは命令法かどうか分からないが，現代英語の文タイプ[1]の中で命令文だけが主語を欠くため，この独特の文形式によって命令だと分かる。しかし主語付きの命令文は文脈から判断することになる。口語では平叙文や疑問文で主語省略がよく起きるが，その場合も抑揚や文脈から解釈しなければならない。

まとめると，古英語が備えていた文法概念のほとんどが現代まで残った。し

[1] 文タイプとは平叙文，疑問文，命令文，感嘆文の 4 つを言う。

かし屈折語尾による標示は激減し，文脈依存的になり，屈折に代わる新たな仕組みが幾つか発達した。

その新たな仕組みとは，主に，①冠詞，②法助動詞，③名詞，④文型の用法が整備されたことを言う。どれも代替を超えて余りある強力な表現力を獲得した。加えて，古英語以来の弱点だった⑤時制と相の体系が論理的に再構築され，世界の言語の中で類を見ない，現代英語に独特のシステムが完成した。以下では①～⑤について順に述べる。

冠詞

冠詞は，術語としての「確定」(definite) と「特定」(specific) が定着して用法が厳密になった。一般的には何かをピンポイントで認識することを「特定」と言うが，現代の英語学では術語として次のように定義する。

確定：　話者と聞き手の双方が指示対象を認識できる。
特定：　話者は指示対象を認識できるが聞き手はできない。
不特定：　話者と聞き手のどちらも指示対象を認識できない。

確定できる時は the を使い，特定と不特定には a を使う。確定するためには指示対象が次の**唯一性条件**のどれか 1 つを満たす必要がある。これに違反して勝手に a や the を使うと変則をきたし，ちょうど現代人が近代英語を読む時のようなちぐはぐな感じになる。

1. 既出の対象である。
2. 該当する対象が談話の世界で 1 つしか存在しない。
3. 既出の対象の一部分である。
4. 描写によって 1 つに絞り込める。

2 の「談話の世界」とは，話者と聞き手が念頭に置く世界のことで，文章や会話の文脈によって自然に広くなったり狭くなったりする。たとえば近所の人に道で出会って「お出かけ？」と訊かれ「ちょっと郵便局へ」と答える場合と，近年の日本の郵便事情について語る場合とでは，談話の世界が異なる。談話の世界をどこまで広げるべきか知ることは現代英語に限らずあらゆる言語で必要な，意思疎通の基本である。なお 2 と 4 で言う「1 つの対象」には集団や集合も含まれる。

条件 1 ～ 4 の例はこうなる。

1. I have **a** niece and **a** nephew. **The** niece is a college student, and **the** nephew is a …
   この例で，話者は自分に姪と甥のいることを聞き手が知らないと想定して初出時には不定冠詞 a を使い，2 回めには the を用いている。
2. （世界で唯一の）**the** sun,（大学のキャンパス内で唯一の）**the** library,（いつも行く）**the** store,（人生で初めての）**the** first movie star I saw in person
3. A car rolled over at the curve. **The** driver was not injured.
   （車がカーブで横転した。運転手に怪我は無かった）
   この例では文脈からその車の運転手だと確定できる。ちなみに a car の a は特定用法，at the curve の the は基準 2 による確定用法である。ここで at a curve にすると，現場付近にカーブが複数あったという含意が生じる。
4. Get me **the** large yellow paperback on the top shelf in my room.
   この例では，初めて見る人でもこれだけ描写すればそれと分かるはず，と話者が判断している。the top shelf の the は基準 2 による確定である。

確定により the の付いた表現を確定記述と呼ぶ。この他に my room，this book，Mary's friends なども確定記述であり，用法は the に準じる。

実在するかどうか分からない **the** first Martian I meet（最初に出会う火星人）なども確定記述である。実在するか否かにかかわらず，この表現は唯一性条件 2 を満たすからだ。

不定冠詞 a の特定用法の例は上の 1 と 3 でも登場した。不特定用法との違いはこうなる。

［特定用法］ I have **a** Mercedes-Benz.
［不特定用法］ I want **a** Mercedes-Benz.

特定用法では話者の所有する特定の車が話者の念頭にある。不特定用法では，話者はベンツが1台欲しいと漠然と思うだけで，どれと決まっているわけではない。実際には気に入った車に出会えず断念するかもしれない。しかし，もし出会いがあれば，話者がそれを特定することになる。その意味では I would like to see **a** unicorn/Martian なども同じだ。

冠詞には**総称用法**もある。無冠詞の複数形，不定冠詞，定冠詞の例を挙げる。

［無冠詞］ Book**s** are expensive.
［不定冠詞］ **A** child needs plenty of love.
［定冠詞］ **The** tiger is in danger of being extinct.

何かについて一般的に述べるには，通常，無冠詞の複数形を用いる。all books（あらゆる本）ほど厳密ではなく「本というものは」と言う感じだ。次に，当該グループの任意の例を1つ挙げたのが不定冠詞を使った a child で，any child（どんな子どもも）ほど構えた感じが無く「子どもというものは」と緩く総括している。

books と a child が個体を念頭において総称するのに対して，定冠詞を使った the tiger は種類全体に言及する。on the phone, play the piano など機器や楽器は the を付けることが多いが，これも総称用法である。機器や楽器には1台ごとの個性は無いため，種類のレベルで語る習慣が出来たと思われる。

現代英語は冠詞を用いて，古英語が形容詞の屈折型で表していた確定の概念を明確に定義した上で，確定にとどまらず，特定，不特定，総称をも表現するようになった。いつの世も言語が規則の体系であることに変わりはないが，日本語など冠詞を持たずに済んでいる言語がある中で，冠詞の規則化にこれだけの精神的エネルギーを費やす現代英語は，個体の確定に大きな価値を置き，絶対にこれを表そうとする言語であると言える。

法助動詞

古英語に助動詞という品詞は無かった。中英語期になると，分析的言語へと変化する過程で，特殊な歴史的背景を持つ一群の動詞を中心にして法助動詞が誕生した。近代英語期には，法助動詞に動詞の助動詞用法と準助動詞を加えた助動詞という品詞が確立した。

古英語が仮定法で表した客観と主観の区別は主に法助動詞が担うようになった。法助動詞は単なる代替を超えた多くの意味を表すことができるが，そのために用法がやや煩雑である。将来的には大幅な単純化が起きても不思議ではない。

法助動詞には，動詞だった時の本来の意味を表す**根源的用法**と，法助動詞として話者の主観的現実を表す**認識的用法**がある。表6に，本書でこれまで歴史を追ってきた shall，will，can，may，must およびその過去形の主な用法をまとめ例文を添えた。ただし shall と will の未来用法は，早くも古英語期に意味を拡張したこと，しかも話者の主観的現実を表すためというよりは未来の時間を表すための拡張だったことから根源的用法に分類した。should の義務用法は，shall の本来の意味を表すものではあるが，過去の時間を表さず話者の主観を表すことから認識的用法に分類した。

表 6：法助動詞の用法（現代英語）

	根源的用法	認識的用法
shall	1人称疑問文で提案 Shall we say 6 o'clock, then?	
should		義務 You should avoid greasy food. 期待 It should be a nice day tomorrow. 推測 He should be leaving the office by now. 非現実 He should have passed such an easy test. ［英］実施要求[2] He ordered that she should rest. 婉曲 I should be grateful if you could help me.
will	意思未来 Dr. Johnson will see you now. 単純未来 There'll be a meeting later. They will have left before I arrive. （彼らは私が着く前に発っているだろう。） 婉曲 I'll have to ask you to fill in this form.	推測 That will be Jim coming home now. （あれ（音/気配）はジムが今，帰宅したのだろう。） They will have left by now. （彼らはもう発っただろう。）
would	過去の意思 The door wouldn't open. 現在の意思で婉曲 Would you do me a favor? 過去の習慣 On Sundays I would often go hiking. 過去から見た未来 It would soon be dark.（日が暮れかかっていた。）	非現実 I wish he would listen to me / If only he would listen to me. You would have succeeded if you had tried. 婉曲 I would think you'd be happier in the city. It would be lovely to see you.
can	能力 She can speak French fluently. 許可 You can't park here. It's not a parking zone. 特性 It can be quite cold here at night.	疑問/否定で可能性 This can't be the right road.
could	過去の習慣的能力，許可，特性 At the age of three, she could read and write. 現在の能力で婉曲 Could you do this for me?	可能性 After all, this could be the right road. 非現実 I wish I could fly like a bird. He could have escaped, but he didn't. 婉曲 Maybe we could meet sometime next week?

2 仮定法現在のこと。近代英語では原形で表した。現代のアメリカ英語でも原形を用いる。

may	許可 May we use your office for a few minutes? 可能性 The puzzle may be solved in many ways.	肯定/否定で可能性 This may not be a shortcut. We may have been wrong all the way. 文語＋倒置で祈願 May life treat you kindly.
might		可能性 We might have fallen into a pit. 婉曲 Might there be problems?
must	義務 You mustn't disturb him while he's sleeping.	確信 Something must be wrong with him. His new car must have cost him a fortune.

この表から，主に過去形（および過去形を持たない must）が認識的用法に用いられることが分かる。認識的用法の過去形が過去時を表さず現在の主観的現実を表すことは法助動詞の顕著な特徴である。一方，根源的用法の would と could は基本的に過去時に言及する。

まず過去形を見ると，古英語の仮定法が「主観的」の一択だったのに対して，現代英語の認識的用法の法助動詞は，可能性，期待，義務，確信など**様々な主観的現実**を分担して表す。過去について語るには完了形を用いるが，その場合も話者の様々な主観が表現される。たとえば should have V-ed（～すべきなのにしなかった）と would have V-ed（～しただろうに）では，話者が，実現しなかった非現実を思い描いている。could/might have V-ed（～だったかもしれない）では多少の実現可能性のあった過去の非現実または現実を推測している。must have V-ed（～だったに違いない）では確かな過去の非現実または現実を推測している。非現実の推測か現実の推測かは文脈から判断する。

認識的用法は時間を超越しているのだが，それでも過去形には距離感があって，**婉曲**の効果が生じる。このため推測する場合も，might … や might have V-ed の方が may … や may have V-ed より控えめで，可能性が低い印象を与える。根源的用法においても，依頼をする時には would you …? の方が will you …? より丁寧な印象になる。

現在形の方は，根源的用法として能力，意思，未来など本来の意味を表す。will have V-ed は未来完了を表す。

認識的用法としては，それぞれの語彙的意味の延長で主観的な世界を表す。完了形と組み合わせて過去の現実を推測することもできる。しかし shall は使用頻度が低く，can と may は使用に制約が課されている。婉曲はと言えば，will のみが婉曲を表す。現在でなく未来のことだという距離感から婉曲の効果が生じるのである。スーパーなどでもレジ係が That'll be … dollars などと言う。

法助動詞は話者との結びつきが強い。根源的用法のうち，提案，意思，習慣，能力，特性は主語の行為や属性を描写するが，単純未来，許可，可能性，義務，およびすべての認識的用法は主語ではなく話者の主観を表す。そのことは，法助動詞が主語と一致しない，つまり 3 単現の規則が適用されないという事実と整合する。現代英語は，**話者の主観を表す文法範疇を獲得した**のである。

現代英語では次のように，probably，possibly など**法副詞**で話者の主観を表し，「as if＋仮定法」「wish＋仮定法」などの特殊構文で非現実を表すこともできる。

(1)　It'll **probably** take a week or so; This would **possibly** be my last chance.
(2)　He talks/talked to them **as if** they **were** children.
(3)　I **wish** I **were** ten years younger.

名詞

古英語と中英語では形容詞が名詞句の主要語になることがよくあった。しかし近代英語以降，形容詞はあくまでも名詞の修飾語であり，名詞だけが名詞句の主要語になるという規則性が定着した。それにしても何が名詞で表され何が形容詞で表されるのか，つまり名詞と形容詞の本質的な違いは何かという疑問が 20 世紀の言語学者たちを悩ませていた。

加えてもう 1 つ，現代英語では名詞における**可算・不可算**の区別が定着した。名詞は，普通，集合，物質，抽象，固有の5つに類別され，基本的に普通名詞と集合名詞は可算，物質名詞，抽象名詞，固有名詞は不可算とされる。とは言え，可算・不可算は一筋縄ではいかないのが実情だ。

以下ではこれら2点を念頭に置いて名詞（と形容詞）を解説する。

典型的な普通名詞は名詞と形容詞の違いを最も鮮明に体現する。たとえば名詞 car は，エンジン，ハンドル，ブレーキ，4輪，金属製，移動手段，速い，等々の部分や特質から成る全体を1語で効率良く表現する。一方，形容詞 fast は速いという1つの特質だけを表す。普通名詞の中には stone, lake など部分が均質的なものや，hole など部分が存在しないものもあるが，はっきりした輪郭があるため個体と認識され，可算になる。

表7は5種類の名詞についてまとめたものである。

表7：名詞の種類と用法（現代英語）

	種類	例	複数形	備考
可算	普通	a boy, a car, a table, a stone, a lake, a hole, a chicken	boys, cars, tables, stones, lakes, holes	It's all car.［車の性能；不可算］ It's made of stone.［石材；不可算］ I had chicken for lunch.［物質；不可算］
	集合	a class, a family, a committee, a team	classes, families, committees, teams	a member of the class
不可算	物質	bread, butter, milk, furniture, jewelry, lightning, red		a loaf of bread［可算］ a can of paint［可算］ a piece of furniture［可算］ a flash of lightning［可算］
	抽象	anger, love, peace		
	固有	Joe, Smith, Paris		There are two Joes in this class.［可算］ a Mr. Smith（スミスさんという人）［可算］

可算か不可算かは文脈によって変わることがある。表7の例のように car を「（古いけれども）ちゃんと走る」という意味で「車らしさ」という抽象名詞

として扱い不可算の It's all car とすることもあれば，鉄の塊と化した車の残骸を物質と見て不可算の The junk yard is filled with car とすることもある。また，表7の stone や chicken の例の他にも a chocolate は可算の1枚あるいは1個のチョコレート，chocolate は不可算の物質である。近代英語期のシェイクスピアとミルトンの a hair と hair は1本ずつの髪の毛に注目するか髪全体を物質として見るかの違いである。このように，同じ物や出来事が解釈，ものの見方，によって可算になったり不可算になったりする。

可算と不可算を決定づけるのは輪郭すなわち境界の有無だが，表8が示すように，境界の有無は必ずしも自明ではない。

表8：可算名詞と不可算名詞の例（現代英語）

可算名詞	不可算名詞
a bag かばん，a trunk トランク	［英］luggage，［米］baggage 荷物
a dollar ドル，a note 紙幣，a sum 合計	money お金，yen 円
a job 仕事	work 仕事
a journey 旅行	travel 旅行
a meal 1回分の食事	food/foods 食物，breakfast 朝食
a newspaper 新聞	news ニュース
a poem 詩	poetry 詩
a roll ロールパン，a bun 丸いパン	bread パン
a school 学校	school 授業
a slang word 俗語	slang 俗語
a tool 道具	equipment 設備
a word 言葉	vocabulary 語彙

内と外の論理

先に普通名詞の指示対象は境界を持つため個体と認識されると述べた。正確には，普通名詞の現実世界での指示対象は物理的な境界を持つ。一方，物質名詞の指示対象は物理的な境界を持たず，抽象名詞の指示対象は物理的に存在すらしない。だから物質名詞と抽象名詞は不可算である。それでも名詞に分類されるのは，概念的な境界を持つからである。すべての名詞は概念を外からの視線で把握するという共通点を持つ。**名詞は外の論理で成り立っている。**

名詞は人の頭の中で概念体系を構成する。概念体系は無数の意味場から成る複合体である。たとえば car という概念は「乗り物」の意味場で，bus, truck, jeep, bike, 等々と境界を保って存在する。chicken は「家禽」の意味場の一翼を担う。anger は fear, envy, sorrow, irritation, relief, 等々と共に「感情」の意味場を成す。その中から 1 つの概念を，他をやり過ごして「これ」と取り出すのが名詞の仕事である。取り出した概念に対応する指示対象が実在するか否かは別の話である。

形容詞は内の論理で成り立っている。たとえば名詞 red が green, yellow, pink, 等々で構成される色彩語の意味場を含意するのに対して，形容詞 red は赤の中にどっぷり入りこみ，赤いことだけを描写する。これが名詞と形容詞の本質的な違いである。[3]

この内と外の論理は後述する相の体系でも利用されている。前置詞 in と at の違いも，内と外の 2 分法で説明がつく。

人称化という事件

ここからは現代英語が獲得した 4 つめの新たな仕組み，文型について述べる。

ルネサンスの影響を受けた 17 世紀には英文法にも人間中心主義が浸透した。すでに 16 世紀には人称代名詞の所有格 his が人間の男性を，its が無生物を表すようになっていた。17 世紀には先行詞が人間か否かで関係代名詞 who と which が区別されるようになった。さらに，非人称構文が**人称化**された。

人称化は中英語期に始まり 17 世紀に完成した。当初，人称化には次の 5

---

[3] Wierzbicka (2006) は，名詞はカテゴリーで形容詞は特質としており，筆者の考えに近い。

つの型があった。現代英語の例文を添えて示す。同一の動詞が複数の型に現れることもあり，特に 3 は他の型との併用がよく見られた。4 は中英語期のうちに廃れた。

1. 人を主語にする他動詞文，または自動詞文にする。動詞は主語に一致する。
   ［例］I like your jacket; I regret what I have done.
2. 刺激や原因を主語，経験者を目的語にする。
   ［例］The results pleased / annoyed him; My decision angered him.
3. it を主語，人を目的語にし，that 節や不定詞を後続させる。
   ［例］It astonishes me that he did it; It grieves me to say this, but you failed.
4. 経験者を主語にした再帰構文にする。
5. 受動態，または「be / become＋形容詞」にする。
   ［例］He was pleased with the results; I'm ashamed (of myself); I'm hungry.

1 ～ 5 に共通する特徴は，主語が明示されるようになったことである。そして 3 人称単数形に固定していた動詞は今や主語に一致するようになった。5 つの型のうち 1 への移行が最も多く，5 も人を主語とするため，その分だけ人を主語にする文が増えた。

非人称構文は SVO 文型の確立に呑み込まれる形で衰退し，人称構文に移行した。その結果，それまで意味上の主語だった経験者は形式上の主語になり，動作主と区別がつかなくなった。主語が能動的な動作主なのか受動的な経験者なのかは，動詞の語彙的な意味から判断することになった。第 5 型の経験者主語の受動態も，一般的な被動者主語の受動態と区別がつかなくなった。英文法は，経験者を明示する手段を失ったのである。

まとめると，人称化は次の 3 つのことを意味した。

(1)　**文の主語を常に明示する**ようになった。
(2)　**主語は第一義的に人間である**とされた。

(3) **動作主が経験者を吸収**した。

これらは，そのまま現代英語の特徴になっている。

文型

SVO という語順は古英語期から最も一般的な語順として存在したが，倒置が頻繁に起き，S を欠く文が存在するなど，文型としては不安定だった。しかし 16 世紀から**迂言的 do** が発達し始めて，疑問文でも倒置せず「主語＋動詞」の順序を守ることができるようになった。さらに 17 世紀には，文体的な理由を除いて倒置は否定の副詞が文頭に来た時のみという制約が定着して，SVO の語順が安定した。

現代英語では，SVO 文型を中心にした「**SVO±1**」の体系が完成した。これにより主語と目的語を特定できるだけでなく，①文要素をどのように並べれば文が成立するか，②どのような動詞をどの文型に用いるか，③文型の意味は何か，つまりそれぞれの文型はどのような事態を表すのに用いるか，に関して基準が定まった。現代英語の文型は，格標示が行っていた仕事を果たすだけでなく，それ以上の機能を獲得したのである。なお，文型と構文は同義だが，本書では特に基本的な次の 7 つを文型と呼ぶ。

表 9：7 文型の意味と例文（現代英語）

文型	SVOとの関係	文型の意味	例文
SVO		誰が何をどうする［因果関係］	He broke the chair; The police stopped the car.
SV	SVO − 1	する型：誰がどうする	He smiled; He sneezed; I swam to the island.
		なる型：何／誰がどうなる	The chair broke; The car stopped.
SVC	SVO − 1 + 1	何／誰がどうである	I'm glad; He grew angry; She stopped crying.

SVA	SVO − 1 + 1	何／誰がどこにある	The key is in the drawer; I'm from Canada.
SVOO	SVO + 1	誰が誰に何を与える	I gave her the ring; He threw me the ball.
SVOC	SVO + 1	誰がどうして何／誰がどうなる	The news made us glad; They renamed it OED.
SVOA	SVO + 1	誰がどうして何／誰がどこに移動する	He threw the ball to me; I put it in the fridge.

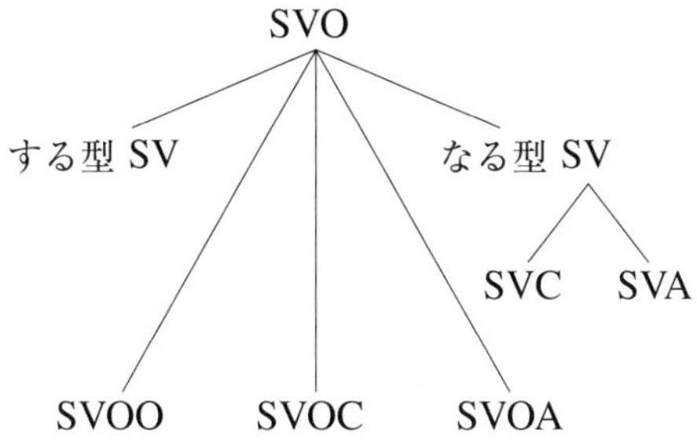

図 1 :「SVO ± 1」の体系

SVO は第一義的に因果関係を表す文型である。SVO は典型例から周縁例まで様々な 2 者間の関係を表すが，文型の体系を支えるのは表 9 に挙げたような典型例である。典型例では主語が意図的に行動を起こし，それが原因で目的語が状態変化や位置変化をきたす。典型例の主語は有意思の人であることが多く，動詞は**変化の動詞**が多いが，原因性が強ければ the news , the typhoon, the traffic accident など無生物も主語になる。

SVO の典型的な主語の意味役割は**動作主**，典型的な目的語の意味役割は**被動者**である。そして動作主と被動者を要求する動詞だけが**受動態**になることができる。他動詞であっても like, repent（悔やむ）など非人称動詞に由来するものや，have, resemble など状態動詞は基本的に受動態にならない。つまり被動者（と SVOO で受け取りを行う受領者）だけが受動文の主語になることができる。加えて**トピック**性が高くなければならない。トピック性が高いとは，①談話の文脈中でトピックである，②話者にとって関心の対象である，③確定できて個体性が強い，といったことを言う。例を見よう。

(4) a. What happened to the tree?— (i) It was hit by the truck.
(ii) The truck hit it.
b. What happened to the truck?—It hit the tree.
(5) Mary was bitten by a mosquito.
(6) These pictures were painted by children.
(7) a. The car approached me/I was approached by the car.
b. The train approached me.

(4a) では文脈が the tree をトピックに指定している。これを受けて応答文 (i) では it が主語になった。しかし能動態は英文法の基本の態であるため，応答文 (ii) のようにトピックを差し置いて動作主を主語に立てることもできる。(4b) では動作主とトピックが一致しているため，可能な応答は It hit the tree のみで，*The tree was hit by it は非文になる（アスタリスク「*」は非文を示す）。

(5) では受動態の基準②と③に該当してトピック性の高い確定記述 Mary が主語に選ばれた。能動態の A mosquito bit Mary は非文とは言えないまでも非常に不自然な文である。

(6) は「これらの絵」と言うからには発話の物理的文脈に絵が存在しており pictures のトピック性が強い。these の付いた確定記述でもある。一方，children は人間であり，話者にとっては既知の対象のようであることから特定性もあるが，確定性に欠ける。これらの理由から話者は受動態を選んだ。ただし Children painted these pictures も悪くない。

(7a) は，車の運転手が意図的に私に近づき私が恐怖を覚えたという状況では動作主と被動者の関係が成立し，②と③の基準も満たすことから受動態が許容される。the car でなく a car なら，むしろ受動態の方が自然である。一方，(7b) の電車はレールの上を走るだけだ。(7b) とほぼ同義の The train came in my direction が「私のいる方角」と明言することからも，(7b)

の me は場所であって被動者ではない。このため受動態にならない。

SVO の典型例は，原因と結果を同時に表現する。たとえば He broke the chair は，彼の破壊行為と椅子の状態変化を一気に表現する。この原因と結果を分業的に表すのが「する型 SV」「なる型 SV」という 2 種類の SV 文型である。

する型 SV に用いられる動詞は，run，smile，swim，walk など有意思の行為を表す自動詞と sneeze など生理現象を表す自動詞である。する型 SV は次の特徴を持つ。

- ・名詞化に際して running by / of the athlete，smiling by / of the actor など，動作主を表す by を用いることができる。
- ・He had a walk around the town など**軽動詞構文**になる。
- ・She laughed her throat sour（笑いすぎて喉が痛くなった）など疑似 SVOC になる。
- ・He sneezed the tissue off the table（くしゃみでティシューが吹き飛んだ）など疑似 SVOA になる。

言い換えれば，する型 SV は SVO の真似をしたがる，因果関係の後半を欲しがる文型である。する型 SV の特徴のうち軽動詞構文については先に述べた（☞ 第 6 章）。疑似 SVOC は，herself など主語自身や主語の体の一部を「にせ目的語」に仕立てたものである。SVO の *She laughed her throat で文を終えることはできず，必ず C を明示しなければならない。補語が義務的である点は疑似 SVOA も同様だが，疑似 SVOA では目的語に関する制約は特に無い。

なる型 SV に用いられる動詞は break（割れる），burn（燃える），close（閉まる），dry（乾く），float（浮く），open（開く），sink（沈む）など同形の他動詞を持つ自動詞，および exist，live，appear，arrive，come，go，die，fall など存在，出現，消滅，を表す自動詞[4] である。なる型 SV は次の特徴を

[4] live，come，go は有意思の行為の意味でも用いられる。

持つ。

・名詞化に際して sinking of the ship，appearing of the dancers など前置詞が of に限られる。
・存在と出現の動詞は There's a book on the table，There lived an old man in the village，There appeared the actor on the stage など There 構文に用いられる。
・必要に応じて SVC になる。
・必要に応じて SVA になる。

現代では There 構文の there を主語と感じる母語話者が増えている。本来，there は虚辞であるが，文頭に生起することから主語のように感じられるのだ。また，なる型 SV の主語は意味の上では SVO の O に相当するため，There 構文では動詞の後という本来の位置に戻ることになって据わりが良く，1 つの事態を描写し切った観が出る。

SVC は，表 9 の例の他にも The pizza smells delicious，The place seemed empty，He became a teacher，等々，なる型自動詞に様態を表す補語 C を足した文を含む。これらの動詞は C が無いと別の意味になったり変則をきたしたりすることから，不完全自動詞と呼ばれる。begin，continue，stop などは，不完全自動詞の用法では to 不定詞や V-ing を C に取って「～し始める」「～し続ける」「～し終える」という相的な意味を表す。

SVA は現代英語期に確立した，つまり現代英語学の研究者たちが認定した新しい文型であり，表 9 の be 動詞の例の他に，The city lies on the Hudson，A picture hung on the wall などを含む。これらは，なる型自動詞に場所や位置関係など空間的な情報を補足する**副詞的補語** A を足した文である。

古英語には様々な二重目的語構文が存在したが，そのうち与格と対格を組み合わせたものが生き残り，現代の **SVOO になった**。現代では当時の与格と対格を，各々，間接目的語，直接目的語と呼ぶ。間接目的語は古英語期から人に限定されていた。屈折が単純化した中英語期からは，SVOO の間接目的語を主語にした受動態も許容されるようになった。

SVOO の間接目的語は意思をもって受け取りを行う人であり，意味役割は受領者である。受領者は動作主に協力して出来事を成り立たせる役割を担い，非所有から所有へと大きな状態変化を経ることから，被動者に準じて受動態の主語にすることができる。

SVOO で用いられる動詞は give を典型例として send，throw，teach，show，bake，knit，buy，get，等々，多岐に渡る（☞宗宮 2012）。

SVOC は「have＋名詞＋過去分詞」の形や知覚構文の形で古英語期から存在し，近代英語期に使役構文と結果構文にまで範囲を広げた。

SVOC は SVO の V が表す主語の行為と目的語の結果状態を V と C に分けて表す文型である。SVO の The police stopped the car を SVOC の The police made the car stop に換えると，警察が止める行為をし，そのため車が止まった，という出来事の前後関係が明示され，時間の流れが導入される。別の例でも SVO の He flattened the metal with a hammer では金属が一瞬でつぶれた観があるが，SVOC の He hammered the metal flat では時間が経過している。つぶれた度合いも SVO ほど甚だしくなさそうだ。

SVOA は SVA と同様に現代英語期に確立した文型である。A は副詞や前置詞句で表される。このように 19 世紀の伝統文法以来の長きにわたって**修飾語**とされてきたものが現代の英語学で**補語**の位置に格上げされた背景には，現代英語において前置詞が表現力をつけ存在感を増したという現実がある。

たとえば He threw the ball to me では，彼がボールを投げ，ボールが私の方に飛んできたという一連の出来事が効率良く描出される。ただし SVOO と違って，私はボールが飛んでくることを知っていたか，ボールを首尾良くキャッチできたか，などは不明である。to me の me は場所にすぎないからである。

直線の論理

現代英語の文型には直線の論理が組み込まれている。自然界には様々な自然の論理が存在し，人はそれを知っている。たとえば，生物にはオスとメスがある，物には外側と内側がある，物は同一性を保つ（歳を取っても同じ人），物は上から下に落ちる，物は自らの空間を占有する（1つの空間を2つの物が占めることはない），大は小を包摂する，原因が結果に先立つ，時間は一方向に流れる，エネルギーは大から小へ向かう，等々である。英語はSVOの文型を確立するにあたって，**原因と結果の前後関係を利用し，語順という直線に意味を持たせた。**SVOCとSVOAでも直線の上を時間が確実に流れている。

左から右に文字を連ねる英語では，時間は左から右に流れる。事態は，左にある原因を起点とし，直線的に進んで，右にある結果を終点とする。SVOの語順は因果関係を伝える**普遍的なアイコン**である。高速道路でナイフとフォークの描かれた看板を見ればパーキングが近いと分かるように，文に格標示が無くても語順を見れば，誰かが何かをしたのだと分かる。語順が一種の記号であることを話者集団が了解さえすれば，それは可能だ。

語順に意味を持たせる手法は名詞句内の形容詞にも見られる。近代英語期から現代にかけて，名詞の前と後に形容詞が分離する現象が矯正され，後置修飾も是正されて，1語の形容詞は基本的に名詞の前に置くという原則が確立した。現代ではさらに，1語の形容詞が複数個ある時には「本質的な性質を表す形容詞ほど名詞の近くに」という原則が出来た。具体的には次の順になる。

	【意見	大小	新旧	形状	色	分詞	国籍	材質	名詞】	+主要名詞
a	pretty	little	modern	square				brick		house
the		fat	old		black		German			dog
a	clever		young			dancing			exchange	student

このように，徐々に本質に迫りながら指示対象を絞り込む作業が名詞句の内部で行われている。ただし実際には3つより多く形容詞を連ねることは滅

多に無い。

空間前置詞も直線の論理を体現する。特に on，from，to，over，at は，目標を目指して道を歩く過程を分業して表し，合わせて1つの直線を浮き彫りにする。

on は「地面を踏みしめ進む時のあの感じ」として説明できる。古英語期には，on は様々な空間的な意味を表すとともに，*on huntunge* (on hunting) などとして「行為が進行中」という時間的な意味を表した。現代までに空間的意味の方は「上面に乗る」に集約された。時間的意味の方は on に代わって be hunting など進行相が表すようになった。それでも I'm on my way（向かっている，すぐ行く），He's on a business trip（出張中），on and on（どんどん），hold on（そのままでいる，待つ）などが示すように，on は「進行」「持続」の意味を保持している。行為とは時間の中で展開する時間的存在であることから，「on＋行為」つまり「行為に乗ること」が進行や持続といった時間的意味を表すのは自然なことではある。

from と to は合わせて1つの直線を描き出す。**from** は出発点をふり返って見る感じを表し，**to** は目標を目指す感じを伝える。to が直線的でまっすぐな印象と，ある程度の距離感を伝えるのはこのためだ。

over は，柵を飛び越える，上の方にいる，テーブルを覆う，谷を見渡す，等々の文脈で用いられて多義に見えるが，一歩また一歩と進む時に両足でアーチが出来ることを思い出せば一気に了解できる。両足のアーチは地面を覆い，足は地面に着き，体は地面の上方にある。この複合的な体感を表すのが over である。

at は道を歩いてきて今はここにいることを表す。このため at には道程を**外から見る姿勢**があり，すぐに次の場所に移るような，状況が刻々と変化する含意がある。

ちなみに **in** は，道を歩く途中で森や建物に入りこんだ時の状況を想像すると理解しやすい。目標は見えなくなり進行が止まる。in は，① 3次元空間の**内側にいて外が見えない**，②進行が止まる，という2点で，オープンな場所にいて進行していることを表す on と対比する。また，①の点で，外の視点を持つ at と対比する。

2 次元の野原を横切る感じは **across** で表し，森など 3 次元空間を抜け出る時は **through** や out of を使う。オープンな道から逸れることや公共の乗物から降りることは **off** で，閉鎖的な空間から出ることは **out of** で表す。だから get off the train，get out of the taxi と言う。このように空間の次元を区別する態度はすでに中英語でも見られた（☞ 第 4 章）。

この他にも道を歩くことに関連して with，along，above，below，under，等々の空間前置詞が理解できる。体を起こすことを表す **up** と横になることを表す **down** はすでに中英語でも句動詞の中で多用されていた（☞ 宗宮他 2007；宗宮 2012）。

必要十分の美学

現代英語の文法は近代以降の科学的精神を反映して，重複を嫌い，冗長を避け，必要十分であろうとする。古英語の次の文章と比べてみよう。これは第 2 章で引用した『アングロ・サクソン年代記』の一部分である。説明の便宜上，文章を区切って番号を振った。

① *Se cyning hēt hīe feohtan ongēan Peohtas;* ② *and*
the/that king commanded them fight against Piets

hīe swā dydon, ③ *and sīge hæfdon swā hwǣr swā hīe cōmon.*
they so did victory had as where they came

④ *Hīe þā sendon tō Angle,* ⑤ *and hēton him sendan māran*
they then sent to Angeln commanded them send more

fultum. ⑥ *Þā sendon hīe him māran fultum.* ⑦ *Þā cōmon þā*
help then sent they them more help Then came those

menn of þrim mǣgþum Germānie.
men from three tribes of Germany

この文章は，【①＋②】＋③＋【④＋⑤】＋⑥＋⑦という構成になる。現代英語の感覚では全体的に冗長で文言の繰り返しが目立つ。特に②は不要で，④と⑤は凝縮できる。⑥は言わなくても分かる。これらの点を調整して現代英語で言うとこんな感じになる。

> The king had them fight against Piets, and they won wherever they went. Then they sent to Angeln for more help. The men came from three tribes in Germany.

この文章では，古英語版の「戦わせた」と「戦った」，「（援軍を）送らせた」と「送った」の重複が解消し，必要十分な情報が順序良く並んでいて話の筋が見えやすい。

このように，現代英語は情報の重複を嫌う。文法情報も最低限に抑えるため，次のような，聞き手に対して不親切と言える状況も生じている。

・自然性を人称代名詞のみが示す。
・数を名詞と代名詞と 3 単現のみが示す。
・（所有格以外の）格を代名詞のみが示す。
・他動詞と自動詞の別を示さない。
break, close, **cool**, **dry**, float, **open**, sink …
・動詞と名詞の別を示さない。
change, dress, **light**, paint, sleep, start, tail …
・動詞と形容詞の別を示さない。
blind, clear, **cool**, **dry**, **light**, **open**, warm …
・形容詞と副詞の別を示さない。
fast, first, hard, just, most, right, straight …

［太字の語は 3 つの範疇で同形］

聞き手はこのことを承知して，あらかじめ文法規則をよく知り，よく考え，物理的あるいは言語的文脈から情報を得ながら英語と対峙することになる。必要十分の美学を貫く現代英語は，話者集団に努力を要求する厳しい言語でもある。

時制と相の体系

科学革命の影響を受けた18世紀以降は時間表現が整備された。長きにわたって過去形の一種とされてきた現在完了形はようやく現在時制に配置換えされた。18世紀まで流動的だった時制の一致も厳密に守られるようになった。[5] 相の用法も定まって，現代では次のような時制・相体系が出来上がっている。

表10：時制と相：(we) hunt の例（現代英語）

	現在時制	過去時制
単純相	hunt	hunted
完了相	have hunted	had hunted
進行相	are hunting	were hunting

表10が示すように，時制と相では古英語以来の過去形の屈折，過去分詞の屈折，have，be がすべて保持されている。

時制は，現在と過去を「こっち」「あっち」と区別して，こっちの時間は無標で示し，あっちの時間は -ed を付けて標示する。現在形と過去形は，today と yesterday，now と then などと同様に，一種の直示表現なのである。ところで，現実の現在は一瞬で過ぎて過去になるが，言語の現在はもっと長く広い。言語の現在は，①幅のある現在，②現在の瞬間，③未来，④歴史的現在を含む。過去は，現在ではない終わった時間である。

現在時制の①幅のある現在の用法では，**動態動詞**を用いた I play baseball，He skips breakfast などは習慣や反復を表し，**状態動詞**を用いた The child is good-natured，He resembles his father などは連続した状態を表す。この違いは動詞の意味の違いによるものだ。動態動詞が表す行為や出来事には始点と終点があるため数えることができて，ここから習慣の意味が生じる。状態は切れ目が無く不可算である。現代英語は，空間的存在を可算と不可算に分けて名詞で表現するのと同じように，時間的存在にも個体性の有無

5 中尾・児馬：110.

を認識しようとする。**空間に準じて時間を理解する**のである。

The sun rises in the east, Two plus two equals four など真理の類，Time flies like an arrow など諺，Superman is faster than a jet plane など架空の人物についての現在形の叙述も①に含まれる。

②の現在の瞬間の用法では，I apologize（お詫びします），I insist（ぜひ！）など発話の瞬間にその行為が成立する。人を見て驚いた時の What brings you here?（なんで君がここにいるの？）や，人を見かけた時の There he goes, 度忘れした時の I forget, 負けた瞬間の You win なども②である。

③の未来とは will や be going to で表される時間を言う。未来の事態であっても，The train for Paddington leaves at 2:30 p.m. など確定していることや，The sun rises at 6 a.m. tomorrow など科学的に算出されたことは，will などを付けず現在形で述べる。

④の歴史的現在は，過去時制を基調とする物語の中で時々現在時制にシフトする場合や，現在時制を物語の基調とする場合を言う。偽装的現在も現在とみなすのである。

過去時制に関しては「当該の過去時が話者と聞き手の双方にとって既知の場合に使う」という制約がある。唐突に I went to London などと言うのは変則的で，正しくは I went to London a few years ago などとして聞き手が過去の時間をイメージし易くする。また逆に，a few years ago, the other day, yesterday など特定の過去時を表す副詞が付く場合には過去時制にしなければならない。recently, lately, just などは通常，現在完了にする。

過去時制の制約は，冠詞の確定性の制約と同じものである。話者と聞き手の双方が空間的存在をそれと認識できる場合にのみ the を使うように，話者と聞き手の双方が時間的存在を認識できる場合にのみ過去時制を使うのである。once upon a time や some time ago など，漠然とした認識でも構わない。

聞き手が特定の時間を認識できないと思われる時，つまり過去時が確定していない時は，(8) のように過去時を表す副詞を付けるか，あるいは (9) のようにまず現在完了形で話題を導入し，それから過去時制にシフトする。

(8) I went to London **a few years ago**. It was quite an experience.

(9) I **have been** to London once. It was quite an experience.

(8) でも (9) でも，第 1 文で過去時が導入されたため，第 2 文は過去時制にしなければならない。日本語では「昨日キャンプに行った？」(Did you go camping yesterday?) と訊かれ，強く否定するために「行かない，行かない」と現在形で答えることもできるが，英語では No, I didn't など必ず過去時制にする。または By no means (まさか) などと言う。

(10) Did Jane call?

(11) Has Jane called?

(10) は，あらかじめジェーンが電話してくるはずの時間が話者と聞き手の双方に分かっていたことを含意する。(11) にはそのような含意は無く，いつと限らず今までに電話があったかと訊いている。

(12) You've got a bruise. How did you get it?

(13) How did you get that bruise?

(12) は話題導入の手順に従って，まず現在完了形で打撲傷を負った過去の時間を共有し，次に第 2 文でその時の経緯を尋ねている。しかし実際には，打撲傷が一目瞭然である時に，わざわざ第 1 文を言う必要は無い。(13) のように「いきなりの過去形」にする方が自然である。物理的文脈が第 1 文の代わりを果たしているからだ。that bruise の that (その) も打撲傷の生じた過去時を呼び起こす効果がある (☞ 宗宮他 2018)。

冠詞の用法を間違えても大きな支障を来たすことが無いように，過去時制の制約に違反しても意思疎通の上で問題が生じることは少ない。実際にニュース番組では「いきなりの過去形」が日常的に使われる。しかし，使用の実態がどうであれ，現代英語が用意周到にきめ細かい文法を装備しているという事実は注目に値する。

現在時制の**完了相**は，過去の時間を**まだ終わっていない時間**とみなして現在に取り込むための形式である。現在完了で表されるのは，現在までの経験，現在も残る過去の出来事の結果，起きたばかりの出来事などである。過去完了は，基準となる過去時に先立つ事態を表す。

時制が時間を直示するだけであるのに対して，現在完了は経験，結果，完了など事態のあり方を伝えることから，完了時制でなく完了相と呼ばれる。また，これと区別するために，無標の形式を**単純相**と呼ぶことになった。

単純相と完了相は，事態を外の視点から眺めるという共通点を持っている。一方，**進行相**は事態を内の視点で描写する。**内と外の論理**が相の体系にも採り入れられている。

(14) a.　It snowed last night.　[事態の存在]
　　 b.　It will snow tomorrow.　[事態の起点]
(15) a.　It has snowed a lot this winter.　[事態の終点]
　　 b.　It must have snowed during the night.　[事態の存在]
(16) a.　It's snowing heavily.　[事態の最中]
　　 b.　It will be snowing tomorrow.　[事態の最中]

(14) は単純相，(15) は完了相，(16) は進行相の例である。(14) と (15) の 4 文は，降雪という事態の存在，始まり，終わりに言及している。そのようなことは事態を外から見る場合にのみ可能だ。一方 (16) では，始まりも終わりも無い降雪そのものが描かれている。

先に，名詞は外の視点で対象を指示し，形容詞は内の視点で対象を描写すると述べた。それと同じ自然の論理が相の範疇においても採用されている。

make a potato salad（ポテトサラダを作る），have a picnic（ピクニックをする），work till dark（日暮れまで働く）などの行為を内側から見ると，そこには刻々と変化する**局面**が存在する。次の例は進行相の特徴をすべて備えている。

[進行相の典型例]　I'm making a potato salad.

この文では不定冠詞 a が make a potato salad という行為に**終点**を与えている。物体に側面があるように，終点を有する行為には局面がある。局面は次々と現れては消える。ジャガイモを洗う，ゆでる，皮をむく，つぶす，等々の局面はポテトサラダを作るという行為を構成する部分である。それは自転車がハンドル，サドル，車輪，等々の部分で出来ているのと似ている。物体の部分（側面）は恒常的に存在するが，行為の部分（局面）は次々と入れ替わりながら終点に向かう。このため進行相は**変化**のダイナミズムと，それを内側から間近で見る**臨場感**を伝える。

make a potato salad などと違って，明示的な終点を持たない swim in the pool, paint pictures などの活動には終点に向かう局面変化は無い。それでも躍動感があり，臨場感もある。**有意思**の行為はいずれ終わるものであることから**一時性**も伝わる。

歴史をふり返ると，近代英語期に，それまで継続相だったものが活動の最中という意味を獲得して進行相に変容した。その後，活動を表す動詞以外にも用途が広がった。現代英語の文法は，有意思，変化，一時性のどれかが該当すれば活動動詞でなくても進行相にすることを許容する。そして，進行相には常に臨場感が伴う。たとえばこうなる。

［有意思］ You're being silly.（わざと馬鹿な真似をしているんだね。）
［変化］ He's resembling his father more every year.
（彼は年々父親に似てくる。）
［一時性］ I'm hearing things.（幻聴があります。）

進行相は現代英語に独特の特徴である。古英語には継続相があったが，存在感が薄かった。ドイツ語やオランダ語では今も，現代英語が進行相で表す内容を単純相で表している。英語はノルマン征服による荒廃から立ち直る過程で独自の進化を遂げた。それを如実に物語るのが進行相である。

共感指向

現代英語の顕著な特徴は，口語で進行相と句動詞が多用されることである。これらは2つとも聞き手の**共感**を呼び起こす効果がある。

内の視点を持つ**進行相**は，話者と聞き手を出来事の内部に誘導する。閉じた空間で臨場感を共有しながら出来事を見るため，両者の間に共感が生まれ易い。

(17) a.　It'll snow tomorrow.
　　 b.　It'll be snowing tomorrow.

(17a) と (17b) はほぼ同義だが，現代では (17b) の方が圧倒的に好まれている。(17a) が客観的で距離感があるのに対して，(17b) には聞き手を雪の降る真っただ中に誘いこむような情感がある。

進行相は単純相よりも冗長であるにも関わらず，現代では頻繁に用いられる。2023 年に中国の気球がアメリカ領空に入りこんだ時にはバイデン大統領が公の場でこう述べた。

I expect to **be speaking** with Xi.

次の例は 2010 年イギリス BBC 制作の『シャーロック・ホームズ』で友人の銀行家がホームズに助けを求めて送ったメールの一部分である。

There's been an 'incident' at the bank—something weird.[6]
I'**m hoping** you can sort it for me. Please call by. Needless to say,
I'**m relying** on your discretion.

今や進行相は「言った者勝ち」の様相を呈している。有意思，変化，一時性の条件を満たさなくても，どんな動詞でも進行相にして話者の気持ちを強調する。そういう効果が進行相にあることを話者たちは知っている。

現代英語のもう 1 つの特徴は**句動詞**の多用である。句動詞には①主語の様態を生き生きと描写する，②聞き手の共感を誘う，という 2 つの目的がある。①を目的とすることから句動詞は受動態になり難く，特に 3 語以上で成る句動詞の受動態はごく稀である。また，②を目的とすることから，句動詞では本来語が多く使われる。聞き手にピンと来るのはやはり土着の言葉な

[6] 映像が途切れていたため，weird を筆者が補足した。

のだ。本来語には短い語が多いため使い勝手も良い。句動詞で用いられる空間前置詞も強力に臨場感を誘う。

先に直線の論理の件でも述べたように，現代英語の空間前置詞は，体を起こす，寝そべる，空を仰ぎ見る，下を覗きこむ，道を歩く，建物の中に入りこむ，等々の空間的な体験の感覚を分業して表す。このような体験は誰にでも覚えがあるため，空間前置詞は「あの感じ」を喚起して聞き手の共感を誘う。そこには，mother という語や親友の Mary という名前が自然に温かい感情を伴うのと同じメカニズムがある。**体が覚えた感覚**は頭で知った概念とは別のルートで心に迫るのである。その意味効果は，空間前置詞が句動詞の中で副詞的要素として用いられる時も発揮される。

中英語期から現代まで，句動詞には副詞用法の up が頻繁に登場する。歴史的にも up は副詞だった時期が長い。句動詞で副詞として用いられるか前置詞として用いられるかという観点から主な空間前置詞を分類するとこうなる。

(1)　副詞用法が中心：up，down，out
(2)　前置詞用法が中心：from，at，to，with，out of
(3)　副詞と前置詞の用法が併存：on，off，over，above，below，under，in，along，between

これらはどれも，古英語期から存在した語の現在の姿である。歴史をふり返って補足すると，(1) の **up** は，古英語では副詞 *upp* または up，前置詞 *uppan* または *uppon* という 2 つの語だった。屈折語尾の消失により中英語期に同形になったが，前置詞用法の up は 16 世紀以降に登場する。**down** も，古英語末期に副詞として登場し，16 世紀以降に前置詞用法が出来た。**out** も古英語では副詞で，13 世紀以降に前置詞用法が現れた。現代では前置詞としては out of が主流になっているが，アメリカ英語では単独の out がよく用いられる。

(2) の **from** は前置詞用法が中心で，副詞用法では OED に 1450 年の *to and from* (to and fro) と 1608 年の *from and back* の事例が載っているのみである。**at** は，昔も今も前置詞としてのみ用いられる。**to** も本来的に前置詞であり，前置詞の to から不定詞の to が派生した。副詞として開閉の動きなどを表すこともあるが，使用頻度は低い。歴史的には「その上」「さらに」の意味の副詞用法の *to* があったが，こちらは 16 世紀に too と綴られるようになって現在に至る。**with** には「一緒に」「同時に」という意味の副詞用法があったが，16 世紀のうちに完全に廃れ，今は前置詞としてのみ用いられている。

(3) のうち前置詞用法の **on** は物体の表面との接触を表したが，古英語の早い時期から，表面への移動も表すようになった。16 世紀には混乱を避けるために，移動を表すには前置詞を重ねて *on to* と言うようになり，これが現在の onto になった。だが on は現在も移動の意味を失っていない。表面との接触の意味では，元来 on は上面のみでなくすべての面を表した。このため中英語初期まで on が **in** の領域を侵食していたが，やがて in が復活し，on は物体の上面つまり物を支える面だけを表すようになった。

句動詞は，副詞を用いた他動詞句では目的語と副詞の順序を入れ替えることができるが，前置詞が含まれる場合はそれができない。自動詞句も含めて例を挙げる。

・「動詞＋副詞」の他動詞句

The criminal **gave up** the hostage/**gave** the hostage **up**.
（犯人が人質を解放した。）

She **stood up** her boyfriend/**stood** her boyfriend **up**.
（彼女はボーイフレンドとのデートをすっぽかした。）

They **put off** the meeting/**put** the meeting **off**.
（彼らは会議を延期した。）

Don’t **let on** the secret/**let** the secret **on**.
（秘密を漏らしてはいけません。）

He **chewed over** the matter/**chewed** the matter **over**.
（彼はその問題についてじっくり考えた。）

・「動詞＋副詞＋前置詞」の他動詞句

She **looks down on** her classmates.（彼女は級友を見下している。）

Children **look up to** professional athletes.

（子どもたちはプロの選手を尊敬する。）

・「動詞＋副詞＋前置詞」の自動詞句

I **came up with** a good idea.（良い考えが浮かんだ。）

Her courage **rubbed off on** the others.

（彼女の勇気が他の人々に乗り移った。）

・「動詞＋副詞」の自動詞句

The baby **threw up**.（赤ちゃんが吐いた。）

The car's brakes **gave out**.（車のブレーキが効かなくなった。）

He **came to**.（彼の意識が戻った。）

The police ordered us to **move along**.

（警察が止まらず進むよう命令した。）

・「動詞＋前置詞」の自動詞句

We **ran out of** gas.（ガス欠になった。）

They **got to** London at midnight.（彼らは真夜中にロンドンに着いた。）

The article **hinted at** bribery.（記事は贈収賄をほのめかしていた。）

He laughed **with** me, not at me.

（彼は私と一緒に笑ったのであって私を嘲笑したのではない。）

これらの例が示すように，歴史的に副詞用法が中心だった (1) のグループの語は現代の句動詞でも副詞として多用される。前置詞用法が中心だった (2) のグループの語は，例に挙げた come to を除いては，句動詞でも前置詞としてのみ用いられる。

イギリス英語とアメリカ英語

近代英語期にロンドン英語がアメリカに「移植」されて以来，時の経過とともにイギリスとアメリカの英語は特に発音と語彙の面でそれぞれに変化した。1776 年に独立を果たしたアメリカでは，自国の言語の独立性をも主張する機運が高まった。それを象徴するのが 1828 年に出版されたノア・ウェブスター（1758-1843）の *An American Dictionary of the English Language* (1828) である。この 2 巻本となった辞書の中でウェブスターはアメリカ式の発音と綴りを記載し，後世に大きな影響を及ぼした。アメリカ英語の綴りは次のように簡素化された。表 11 で [Lat.] はラテン語由来，[Gk.] はギリシャ語由来を示す。

表 11：ウェブスターの綴りの例（現代英語）

語源	［英］	［米］
color [Lat.]	colour	color
labor [Lat.]	labour	labor
defensa [Lat.]	defence	defense
kentron [Gk.]	centre	center
theatron [Gk.]	theatre	theater
programma [Gk.]	programme	program
katalogos [Gk.]	catalogue	catalog

身近なものを表す日常語も，現代では次のように異なっている。

表 12：イギリスとアメリカの日常語の例（現代英語）

［英］	［米］	［英］	［米］	［英］	［米］
bonnet	hood	underground	subway	luggage	baggage
boot	trunk	windscreen	windshield	post	mail
car	automobile	hoot	honk	quarrel	fight
gearbox	transmission	（警笛を鳴らす）		shop	store
lorry	truck	dinner jacket	tuxedo	spanner	wrench
motorway	expressway	nappy（おむつ）	diaper	tin	can
mudguard	fender	shorts	underpants	barrister	lawyer
pavement	sidewalk	tights	pantyhose	dustbin	trash can
petrol	gas	trousers	pants	dustman	garbage collector
railway	railroad	waistcoat	vest	angry	mad
silencer	muffler	zip	zipper	complain	moan
taxi	cab	chemist	drugstore	telephone	call
		lift	elevator	（電話する）	

現代ではアメリカ英語の語彙が勢力を伸ばしてイギリスの英語の中にも浸透しているため，たいていの文章は違和感なく読める。しかし口語では，boob（まぬけ），bootlegger（密売人），go-getter（やり手，すご腕），lynch, jazz, dope fiend（麻薬常用者），highbrow（インテリぶる人）など，はっきりアメリカ的と感じられる表現も多い。

アメリカ英語については，一方では facility, capability, utility, medication, relocation, finalization, affirmative など抽象的な表現を好み，他方では次のように具体的で身近な言い回しを好む傾向があることが指摘されている。[7] 現代英語の科学指向性と共感指向性がこのような形で表出している。

the **long-running** (protracted) dispute（長々と続く論争）
the **one-time** (previous) mayor of New York（前ニューヨーク市長）
the **pull-back** (withdrawal) of troops from the Gulf
（湾岸からの部隊の撤退）
the Israeli delegation failed to **show up** (arrive)

[7] Hughes: 361.

（イスラエル代表団到着せず）

現代英語はどんな言語になったのか

現代英語は個体を中心にして世界を表示する。このことは古英語の時代から変わらない。しかし，表す内容と方法は変わった。

内容の面では，語彙が豊富になり，文法が整備されたことに伴って，表す内容が格段に増えた。つまり言語世界の概念化が進んだ。出来事の時間的な前後関係も今では厳密に表すことができる。しかし表したい内容には優先順位がある。神羅万象の中で現代英語がもっとも重視するのは能動的な動作主が関与する因果関係であり，語彙と文法は何よりもその種の事柄が表しやすいように構築されている。人の意思が関わらない自発的な現象や状況変化，受動的な感覚や感情を表すことは二の次になる。

表示の方法はシンプルで，文中の文法情報は必要最低限に抑えられている。これは内容理解を妨げないようにという合理的な精神のなせる業である。このシンプルさは，現代英語の話者集団が3つの暗黙の原則を共有することによって可能になる。

原則1は，**自然論理を援用する**ことである。たとえば，①人称代名詞の性は文法でなく自然性に基づいて決まる，②語順は直線の論理に従う，③進行相とそれ以外の相は内と外の論理に照らして使い分ける，といったことである。これらの自然論理については，これまでに関連する項目を解説する中で述べた。

原則2は，**現実・現在・能動態を優先する**ことである。現代英語は基本的に，現実の現在に関する内容を能動態の形式でシンプルに表現する。基本から外れる非現実や過去の事柄は，冗長表現を用いたり語尾を屈折させたりしてシンプルでない形で表現する。受動態も能動態と違って冗長だ。冗長な表現は目立ち易い。そうやって聞き手の注意を促し，話者には手間を掛けさせることで，基本が優先することを知らせている。

基本から外れる表現には，使用にあたって制約が課されることもある。過去形の使用に関する制約，受動態が満たさねばならない条件などがそれである。

原則 3 は，**社会的動機が文法に優先する場合がある**ことだ。社会的動機とは，人間関係を円滑に保ちたいという欲求のことである。このため，①聞き手が理解しやすくなるようにトピックを文頭に置く，②聞き手の感情に配慮して表現を婉曲にする，③聞き手が積極的に意思疎通に参加できるよう共感を誘う表現を使う，といったことが起きる。たとえば①として，能動態を好む英文法がトピック性を条件に受動態を許している。②の例として，認識的用法の法助動詞を除いて現在の事柄を過去形で表すのは文法違反だが，婉曲のためならば根源的用法の法助動詞すら過去形にする。③の例としては，シンプルを旨とする現代英語が，文法的には単純相を使うべき文脈で意図的に冗長な進行相を使う。また，単語を 2 つ 3 つと重ねた句動詞が多用されるのも共感の効果を優先してのことである。

これらの原則を前提として，冠詞の使い方，可算と不可算の使い分け，現在完了の使い方，等々，現代英語には**用意周到な用法の網の目**が張り巡らされている。話者たちは，自然の論理を承知し，用法を習得し，重複せず 1 回しか言われない文法情報を逃さず，言語的文脈と物理的文脈をよく見て考えなければならない。現代英語はこのように話者に多くを要求する厳しい言語である。

おわりに

英語は1066年のノルマン征服によってイングランドの公用語の座を追われ，衰退し，復権させられ，超スピードで洗練させられた。そして結果的に，自然の論理に基づく緻密な文法体系を備えた現代英語に変容した。現代英語の文法は古英語の時代とは比較にならないほど用意周到に，文法範疇を差異化し用法を定めている。

そんな中で昔から変わらない精神が文法を貫いている。個体指向性と能動性だ。古英語の頃から，英語は個体に注目し，能動的な個人を主語に立てて事態を描こうとする言語である。時代によって完成度に違いがあるが，英文法はいつの世も，それが行い易いように構築されている。

「確定性」の歴史は特に象徴的だ。個体について語るには，個体を確定できることが重要である。古英語では形容詞が確定性を標示した。屈折の単純化で形容詞が確定性を表す力を失うと，入れ替わるように定冠詞が発達して確定性を表した。さらに動詞の過去時制の用法にも確定の概念が取り入れられた。こうして，英語が是非とも表したい事柄は，遺伝子が次々と肉体を替えて生き残るように，時間を超えて文法の中で生き残る。

言語は人類が創作した最大のフィクションである。個別言語はその言語圏の人々が産み出したフィクションであり，文化の特色を色濃く反映する。そのことは，自発と受身が不可欠の日本語と日本文化の相関性を思えば得心が行く。

読者諸氏には，本書で言語の創作現場を垣間見た，と思っていただけると幸いです。

参考文献

浅尾幸次郎 2019/2022『英語の歴史から考える 英文法の「なぜ」』大修館書店.

大場建治（対訳・注解）2005/2018『ヴェニスの商人』研究社.

片見彰夫・川端朋広・山本史歩子（編）2018『英語教師のための英語史』開拓社.

河合祥一郎（訳）2003『新訳 ハムレット』角川書店.

君塚直隆 2022『イギリスの歴史』河出書房新社.

桜井俊彰 2015『消えたイングランド王国』集英社.

桜井俊彰 2017『物語 ウェールズ抗戦史 ケルトの民とアーサー王伝説』集英社.

佐藤猛 2020『百年戦争 中世ヨーロッパ最後の戦い』中央公論新社.

佐野弘子（訳）2011『劇詩 闘士サムソン ジョン・ミルトン』思潮社.

原作 Milton, John 1671 *Samson Agonistes.* In Baker, A. E.（ed.）1950 *Samson Agonistes and Shorter Poems Milton.* Wiley Blackwell.

宗宮喜代子・石井康毅・鈴木梓・大谷直輝 2007/2015『道を歩けば前置詞がわかる』くろしお出版.

宗宮喜代子 2012『文化の観点から見た文法の日英対照』ひつじ書房.

宗宮喜代子 2018「現代英語に見るジョン・ロックの影響 アングロ文化のルーツを追って」岐阜聖徳学園大学外国語学部（編）『リベラル・アーツの挑戦』彩流社，119-45.

宗宮喜代子・糸川健・野元裕樹 2018『動詞の「時制」がよくわかる 英文法談義』大修館書店.

高橋英光 2020『英語史を学び英語を学ぶ 英語の現在と過去の対話』開拓社.

中尾俊夫・児馬修 1990/2005『歴史的にさぐる 現代の英文法』大修館書店.

長尾純・宗宮喜代子（著）伊佐地恒久（監修）2021『英語教師がおさえておきたい 音声・文法の基本 現代英語学入門』くろしお出版.

中山茂（訳）1971/1982『科学革命の構造』みすず書房.

原著 Kuhn, Thomas S. 1962 *The Structure of Scientific Revolutions*. The University of Chicago Press.

Baugh, Albert C. and Thomas Cable 2020 *A History of the English Language*. Routledge.

Chambers, R. W. and Marjorie Daunt（eds.）1931 *A Book of London English 1384-1425*. Oxford at the Clarendon Press.

Charles River Editors 2020 *Medieval England: The History of England from the Fall of Rome to the Rise of the Tudor Dynasty.* Independently published.

Durkin, Philip 2014 *Borrowed Words: A History of Loanwords in English.* OUP.

Görlach, Manfred [1978]/1991 *Introduction to Early Modern English.* CUP.

Harrison, J.F.C. 1984 *The Common People: A History from the Norman Conquest to the Present.* Fontana Press.

Hughes, Geoffrey 2000 *A History of English Words*. Blackwell.

Humboldt, Wilhelm von [1836]/1999 *On Language* (edited by Michael Losonsky, translated by Peter Heath). CUP.

Iglesias-Rábade, Luis 2011 *Semantic Erosion of Middle English Prepositions.* Peter Lang.

Jespersen, Otto [1938]/1982 *Growth and Structure of the English Language*. The University of Chicago Press.

Johnson, Keith 2016 *The History of Early English.* Routledge.

Kohnen, Thomas 2014 *Introduction to the History of English.* Peter Lang.

Locke, John [1690]/1975 *An Essay Concerning Human Understanding.* Clarendon Press.

Möhlig-Falke, Ruth 2012 *The Early English Impersonal Construction: An Analysis of Verbal and Constructional Meaning.* OUP.

Munday, Jeremy 2001 *Introducing Translation Studies: Theories and Applications.* Routledge.

Quirk, Randolph and C. L. Wrenn 1955/2001 *An Old English Grammar*. Routledge.

Smith, Jeremy J. 2023 *Essentials of Early English*. Routledge.

Wrightson, Keith 1982 *English Society 1580-1680*. Unwin Hyman.

Turville-Petre, Thorlac and J. A. Burrow 1992/2021 *A Book of Middle English*. Wiley Blackwell.

Warner, Anthony R. 1993 *English Auxiliaries: Structure and History.* CUP.

Wierzbicka, Anna 2006 *English: Meaning and Culture*. OUP.

Longman Dictionary of Contemporary English, Fifth Edition DVD-ROM. 2010. Pearson Education.

Oxford English Dictionary, Second Edition CD-ROM Version 4.0. 2009. OUP.

索引

1. 日本語は五十音順に並べてある。英語で始まるものはアルファベット順で，最後に一括している。
2. 数字は頁番号を示す。

【著者紹介】

宗宮 喜代子（そうみや　きよこ）

東京外国語大学名誉教授・岐阜聖徳学園大学名誉教授
岐阜県出身。東京外国語大学英米語学科卒業。オハイオ州立大学大学院修了（Master of Arts）。東京外国語大学大学院修了（文学修士）。著書に『動詞の「時制」がよくわかる英文法談義』（大修館書店），『英語教師がおさえておきたい 音声・文法の基本 現代英語学入門』（くろしお出版）など。

歴史をたどれば英語がわかる
—ノルマン征服からの復権と新生—

著　者　宗宮喜代子
発行者　武 村 哲 司
印刷所　日之出印刷株式会社

2024年5月9日　第1版第1刷発行©

発行所　株式会社　開 拓 社
〒112-0013 東京都文京区音羽 1-22-16
電話　(03) 5395-7101（代表）
振替　00160-8-39587
https://www.kaitakusha.co.jp

ISBN978-4-7589-2397-2　C3082